Python 日语数字人文之
语料库语言学技术及其应用

钟 勇 著

东南大学出版社
SOUTHEAST UNIVERSITY PRESS
·南京·

内容提要

本书较为全面地梳理和研究词表制作、N元分析、主题词分析、索引行生成、显著搭配提取、词汇多样性统计、平均词长统计、词长分布统计、平均句长统计、词类占比统计、词汇密度统计、MVR统计、词汇复杂性统计、句式频次统计等语料库语言学中各种适用于日语数字人文研究的数字技术，详细演示其在日语文本数据处理中的 Python 编程实现，并通过一系列研究实例剖析其在日语语言研究中的具体应用方法。本书既是一本 Python 编程入门书，也是一本语料库语言学入门书，还是一本日语文本数据处理和日语数字人文研究的入门书。

图书在版编目（CIP）数据

Python 日语数字人文之语料库语言学技术及其应用 / 钟勇著. — 南京：东南大学出版社，2023.12
ISBN 978-7-5766-1049-9

Ⅰ.①P… Ⅱ.①钟… Ⅲ.①日语-语料库-研究 Ⅳ.①H36

中国国家版本馆 CIP 数据核字（2023）第 252423 号

责任编辑：刘　坚（635353748@qq.com）　　责任校对：周　菊
封面设计：毕　真　　责任印制：周荣虎

Python 日语数字人文之语料库语言学技术及其应用
Python Riyu Shuzi Renwen Zhi Yuliaoku Yuyanxue Jishu Jiqi Yingyong

著　　者	钟　勇
出版发行	东南大学出版社
社　　址	南京市四牌楼 2 号（邮编：210096　电话：025－83793330）
出版人	白云飞
经　　销	全国各地新华书店
印　　刷	广东虎彩云印刷有限公司
开　　本	787 mm × 1092 mm　1/16
印　　张	12
字　　数	250 千
版　　次	2023 年 12 月第 1 版
印　　次	2023 年 12 月第 1 次印刷
书　　号	ISBN 978-7-5766-1049-9
定　　价	78.00 元

本社图书若有印装质量问题，请直接与营销部调换。电话（传真）：025-83791830

我与 Python 及日语数字人文的故事

我最早接触的计算机编程语言其实是 R，当时主要想用 R 来完成多重对应分析等一些较为复杂的多元统计分析，因为 R 实现这些分析极为方便，所绘制的图形也十分美观。关于 Python 语言，我那时虽然有所耳闻，也浅浅地捣鼓过一下，但基本上还是处于什么都不会的水平。

转眼到了 2021 年，为了从互联网上批量抓取用于科研的新闻报道材料，我开始学习网络爬虫的编制方法。当时十分乐观地认为，统计分析功能极其强大的 R 语言应该也可以用来编制网络爬虫。但当我上网查找相关代码时，结果却有点出乎意料，几乎所有搜索结果讲的都是基于 Python 的网络爬虫编制。尽管偶尔也能找到个别基于 R 的相关代码，但对于我来说似乎不太好懂，也难以掌握。另一方面，我当时感觉 Python 在各种场合被提到的频率好像越来越高了，且大家似乎一致认为，Python 在文本数据处理方面强于 R。与此同时，我发现上海外国语大学日本文化经济学院的毛文伟教授一直在钻研数据挖掘技术在日语研究中的应用，上海外国语大学语料库研究院的雷蕾教授等正在使用 Python 编程解决语料库语言学方面的问题，而上海交通大学外国语学院的管新潮老师则已出版了一些与 Python 相关的著作（如 2018 年出版的《语料库与 Python 应用》）。这些发现让我既十分惊讶，又深受鼓舞，深深地认识到，只要不断地努力和实践，外语研究者也是有可能熟练掌握一门编程语言的，也是有能力出版相关著作的。想到这些，我暗自下了一个决心，向外语研究界的优秀前辈们学习，以钻研 Python 网络爬虫为契机，熟练掌握 Python 编程方法，积极运用 Python 提升研究质量。

　　Python 网络爬虫的研习并非一帆风顺。一开始是感觉代码很难懂，涉及的知识好像很专业、很繁杂（我是在很后来才意识到，对于非专业的初学者来说，网络爬虫编制可能是一个比较难的领域），往往是好不容易写好代码后却达不到预期效果，抓取不到想要的数据，但更多时候是遇到各种各样、无穷无尽的小问题。尽管大多数小问题都可以通过查询互联网的方式解决，但由于学艺不精，总有一些问题仅凭自身的力量难以解决。无可奈何之际，我想到了曾经在日语兴趣班教过的学生金航——计算机高手，于是果断开始向小金请教。结果是，对于专业人员来说，大部分问题真的就只是小问题，小金往往只需很短的时间就能指点我解决所有问题。在小金的大力帮助之下，我的网络爬虫终于编制好了，也终于抓取到了想要的数据。我记得第一次顺利抓取到数据时，心里感到十分神奇、兴奋和美妙，好像整个互联网上的数据一下子全都掌控在自己手中了，感觉以后再也不会有"巧妇难为无米之炊"的困境了，也可以彻底告别依靠复制粘贴来收集网络数据的时代了。

　　在学习 Python 网络爬虫的过程中，我对文本挖掘这个领域有了更加全面的了解，于是一并学习了该领域当中的文本分词与词频统计技术、词共现网络生成技术、文档关键词提取技术、主题模型建构技术、文本情感分析技术等。在这些技术的学习过程中，我发现一个很重要的现象，即 Python 编程具有不少语言特异性。也就是说，处理的语言不同，所需要的 Python 工具往往也不同。譬如，在最基本的文本分词任务上，中、英、日三种语言所使用的分词工具就大相径庭，中文一般使用 Jieba 分词工具等，英语通常使用 nltk 工具等，而日语则往往使用 MeCab 软件和 mecab 工具等。这意味着，如果要处理好日语文本数据，必须有针对性地学习面向日语文本处理的 Python 编程方法。

　　再后来，我接触到了"数字人文"这一极为广泛的概念和"语言数字人文"这一相对具体的研究领域，也逐渐意识到之前了解过的语料库语言学、语料库翻译学、文本挖掘、计量语言学、文体统计学等其实都可以看成语言数字人文的分支领域。与此同时,随着大数据、云计算、人工智能(如ChatGPT)、物联网、虚拟现实等新兴数字技术的发展和应用,整个社会的数字化转型越来越剧烈。在这股数字化浪潮的影响下,人文科学领域的资源类型、研究问题和研究方法发生了深刻变革,数字人文及语言数字人文研究发展迅猛,目前正生机盎然、方兴未艾。然而另一方面,由于各种原因,中国目前的日语语言研究正面临较大困境和挑战,年轻一代日语研究者的发展也受到许多阻碍。在此背景下,基于数字技术的日语数字人文研究有可能为中国的日语语言研究提供新的机遇和发展空间,或许能够成为研究者们冲破艰难险阻,重获曙光希望的锋刀利器。基于这些思考,我不禁萌生了撰写一部有关Python编程与日语数字人文著作的想法。通过这部著作的撰写,我一方面想夯实一下自身的编程能力及研究能力,另一方面更想为和我一样处于科研瓶颈当中的日语语言研究者们提供一些参考和启示。

心动不如行动,我开始尝试构思和撰写一部名为《基于Python的日语数字人文》的书籍。之后还为了督促自己不要过于消极怠工,开通了一个名为"日语数字人文与Python那些事"的微信公众号,通过该公众号不定期地把自己撰写的最新进展分享给读者粉丝们。但就像科研永远不会按照研究者的预期顺利进展下去一样,我在写作当中慢慢发现语料库语言学相关内容比预想的要丰富得多,并且十分基础,于是逐渐改变思路,决定把这部分内容独立出来成书。经此调整,再经过混杂着艰辛和喜悦的一点一点地撰写和修改,这部名为《Python日语数字人文之语料库语言学技术及其应用》的书籍终于出现在各位眼前了。

本书可以看成基于Python的日语数字人文研究系列著作之一,也是该领域最基础的入门书籍。也就是说,如果将来读者有需求和期待,并且我也有勇气和机会的话,后面可能还会继续撰写《Python日语数字人文之文本挖掘技术及其应用》《Python日语数字人文之计量语言学技术及其应用》《Python日语数字人文之文体统计学技术及其应用》等书籍。本书的主要内容为介绍语料库语言学中的各种数字技术,探究其Python编程实现路径及具体应用方法。具体说来,本书较为全面地梳理和研究词表制作、N元分析、主题词分析、索引行生成、显著搭配提取、词汇多样性统计、平均词长统计、词长分布统计、平均句长统计、词类占比统计、词汇密度统计、MVR统计、词汇复杂性统计、句式频次统计等语料库语言学中各种适用于日语数字人文研究的数字技术,详细演示其在日语文本数据处理中的Python编程实现,并通过一系列研究实例剖析其在日语语言研究中的具体应用方法(编程中所用语料可前往微信公众号"日语数字人文与Python那些事"相关文章进行下载)。由此可见,本书既是一本Python编程入门书,也是一本语料库语言学入门书,还是一本日语文本数据处理和日语数字人文研究的入门书。关于本书的意义和价值,我想主要在于助力语言研究者,尤其是日语语言研究者较为系统地了解语料库语言学涉及的主要内容及范围,较为快捷地掌握基于Python的日语文本数据处理及相关技术编程实现,从而迅速获得发现优质日语数字人文课题的眼光及开展新兴日语数字人文研究的能力。此外,本书的撰写理念主要有以下3点:

(1) 知识阐释尽可能通俗易懂。尽管Python是一门十分适合文科研究者学习的十分友好的编程语言,但毕竟对于非专业人员来说还是具有一定技术门槛。考虑到这些,我在技术介绍和代码解析过程中尽可能地站在非专业零基础学习者的角度来选择用词用语和解释方法,并尽可能使用易懂的大白话详尽解释那些相对复杂和难懂的知识。

(2) 技术覆盖尽可能系统全面。语料库语言学中的数字技术丰富多样,但都较为基础和有用,如能十分系统地梳理和介绍一遍,定能为日语数字人文研究的开展奠定坚实的基础。基于此,本书尽可能全面地涵盖了语料库语言学中那些常用于日语语言研究的数字技术。

(3) 书籍内容尽可能实在、实用。撰写本书的最大目的在于助力读者尽快把Python用起来,尽早把日语数字人文研究做起来,所以我在书中不仅详尽展示了每项技术的分步代码,还专门归纳和整理了其完整代码,以供读者直接使用。与此同时,本书最后一章还较为全面地提供了一些应用各种语料库语言学技术的日语语言研究经典实例,以此打通技术与应用之间的壁垒,从而促成读者的学以致用。

最后,本书能够顺利出版离不开我妻子的大力支持,正是因为她把我们还在咿呀学语的女儿照顾得无微不至,才让我有足够的时间和精力来完成书稿的撰写工作。同时,我也很感谢我的女儿,因为她无比可爱,经常用天使般的笑容带给我无尽的动力和欢乐。此外,本书的成功出版也离不开南京航空航天大学外国语学院领导和同事的大力关怀、东南大学出版社刘坚先生的大力支持以及中央高校基本科研业务费专项资金资助(No. NR2023022)、教育部人文社会科学研究一般项目资助(No. 23YJC740095)和江苏省"双创博士"人才项目资助(No. KFR20040),在此一并表示感谢!

以上就是我与Python还有日语数字人文的故事,也可以说是本书的成书简史。衷心希望各位读者能够读有所获,也恳请大家多多批评指正!

目录

第一章 日语数字人文及本书内容概要 (001)
1.1 什么是数字人文 (001)
1.2 什么是日语数字人文 (002)
1.3 本书主要内容 (004)
参考文献 (005)

第二章 Python 与 PyCharm (009)
2.1 什么是 Python (009)
  2.1.1 Python 简介 (009)
  2.1.2 Python 安装步骤 (009)
2.2 什么是 PyCharm (011)
  2.2.1 PyCharm 简介 (011)
  2.2.2 PyCharm 安装步骤及首次启用 (012)
  2.2.3 PyCharm 基本操作 (019)
参考文献 (024)

第三章 语料库语言学概述 (025)
3.1 什么是语料库 (025)
  3.1.1 语料库的定义 (025)
  3.1.2 语料库的类别 (025)
3.2 什么是语料库语言学 (026)
  3.2.1 语料库语言学的定义 (026)
  3.2.2 语料库语言学的技术体系 (028)
参考文献 (028)

第四章 日语词表制作技术 (030)
4.1 技术概要与编程提示 (030)
4.2 基于 IPA 词典的词表制作编程实现 (033)

    4.2.1 所用语料与编程步骤 …………………………………………（033）
    4.2.2 分步代码 ……………………………………………………（033）
    4.2.3 完整代码 ……………………………………………………（047）
  4.3 基于 UniDic 词典的词表制作编程实现 ………………………………（049）
    4.3.1 所用语料与编程步骤 …………………………………………（049）
    4.3.2 分步代码 ……………………………………………………（049）
    4.3.3 完整代码 ……………………………………………………（054）
 参考文献 ………………………………………………………………………（056）

第五章 日语 N 元分析技术 …………………………………………………（058）

  5.1 技术概要与编程提示 ……………………………………………………（058）
  5.2 三元序列分析编程实现 …………………………………………………（059）
    5.2.1 所用语料与编程步骤 …………………………………………（059）
    5.2.2 分步代码 ……………………………………………………（059）
    5.2.3 完整代码 ……………………………………………………（062）
 参考文献 ………………………………………………………………………（065）

第六章 日语主题词分析技术 …………………………………………………（066）

  6.1 技术概要与编程提示 ……………………………………………………（066）
  6.2 主题词分析编程实现 ……………………………………………………（068）
    6.2.1 所用语料与编程步骤 …………………………………………（068）
    6.2.2 分步代码 ……………………………………………………（069）
    6.2.3 完整代码 ……………………………………………………（079）
 参考文献 ………………………………………………………………………（084）

第七章 日语索引行生成技术 …………………………………………………（086）

  7.1 技术概要与编程提示 ……………………………………………………（086）
  7.2 基于指定词汇基本形及其活用形的索引行生成编程实现 ……………（087）
    7.2.1 所用语料与编程步骤 …………………………………………（087）
    7.2.2 分步代码 ……………………………………………………（087）
    7.2.3 完整代码 ……………………………………………………（091）

7.3 基于指定词汇素的索引行生成编程实现 ···(092)
    7.3.1 所用语料与编程步骤 ···(092)
    7.3.2 分步代码 ···(093)
    7.3.3 完整代码 ···(099)

参考文献 ···(102)

第八章 日语显著搭配提取技术 ···(104)

8.1 技术概要与编程提示 ··(104)
8.2 基于指定节点词和窗口跨距的二词词块显著搭配提取编程实现 ···(106)
    8.2.1 所用语料与编程步骤 ···(106)
    8.2.2 分步代码 ···(107)
    8.2.3 完整代码 ···(114)
8.3 基于句子单位的二词词块显著搭配全额提取编程实现 ·················(119)
    8.3.1 所用语料与编程步骤 ···(119)
    8.3.2 分步代码 ···(119)
    8.3.3 完整代码 ···(124)
8.4 基于依存关系的动宾词块显著搭配提取编程实现 ······················(129)
    8.4.1 所用语料与编程步骤 ···(129)
    8.4.2 分步代码 ···(129)
    8.4.3 完整代码 ···(134)

参考文献 ···(137)

第九章 日语语言特征统计技术 ···(139)

9.1 技术概要与编程提示 ··(139)
9.2 词汇多样性统计编程实现 ··(141)
    9.2.1 所用语料与编程步骤 ···(141)
    9.2.2 分步代码 ···(142)
    9.2.3 完整代码 ···(146)
9.3 平均词长、词长分布及平均句长统计编程实现 ··························(148)
    9.3.1 所用语料与编程步骤 ···(148)

  9.3.2　分步代码 …………………………………………………（149）
  9.3.3　完整代码 …………………………………………………（153）
 9.4　词类占比、词汇密度及 MVR 值统计编程实现 ……………………（155）
  9.4.1　所用语料与编程步骤 ……………………………………（155）
  9.4.2　分步代码 …………………………………………………（155）
  9.4.3　完整代码 …………………………………………………（158）
 9.5　词汇复杂性统计编程实现 ……………………………………………（160）
  9.5.1　所用语料与编程步骤 ……………………………………（160）
  9.5.2　分步代码 …………………………………………………（160）
  9.5.3　完整代码 …………………………………………………（166）
 9.6　句式频次统计编程实现 ………………………………………………（169）
  9.6.1　所用语料与编程步骤 ……………………………………（169）
  9.6.2　分步代码 …………………………………………………（169）
  9.6.3　完整代码 …………………………………………………（171）
 参考文献 ……………………………………………………………………（172）

第十章　日语语言研究实例 ……………………………………………（174）
 参考文献 ……………………………………………………………………（178）

第一章
日语数字人文及本书内容概要

1.1 什么是数字人文

随着大数据、云计算、人工智能(如 ChatGPT)、物联网、虚拟现实等新兴数字技术的发展和应用,当今社会的数字化转型越来越剧烈。在数字化浪潮的影响下,不仅自然科学和社会科学,人文科学领域的资源类型、研究问题和研究方法也发生了深刻变革。正如中国大陆第一本这领域的专业学刊《数字人文》发刊词中所说,"数字环境下可以发现前数字时代难以发现的现象,提出前数字时代下难以提出的设想,开展前数字时代难以开展的工作,解决前数字时代难以解决的问题。这些问题往往不再属于人文领域的某一学科,人文学者需要打通自身的学科壁垒,还需要与计算机、统计学、信息情报等领域的学者深度协作。数字化时代将促进研究范式和学术功能的改变。演绎式逻辑转而为与归纳式逻辑并重,问题驱动转而为与数据驱动并重,因果分析转而为与关联分析并重,质化研究转而为与量化并重"。数字人文(Digital Humanities)正是在这股数字化浪潮下逐渐形成和发展起来的一个生机勃勃的新兴跨学科领域。

那么,究竟什么是数字人文呢?或者说,数字人文究竟是什么呢?围绕这个问题,学界出现了大量讨论,但迄今尚未形成一个较为公认的定义。据统计,在已有的数字人文定义当中,最为流行的是"将数字技术应用于人文工作"这类定义(吉布斯,2022)。例如,墨西哥国立自治大学的阿里·阿尔瓦兰认为,数字人文是数字技术在人文学科研究、教学和探索中的应用;比利时皇家荷兰语言文学研究院/学术编辑和文献研究中心的爱德华·凡浩特则将其定义为数字技术在人文学科的理论化、开发与应用(吉布斯,2022)。此外,《数字人文》学刊在发刊词中对数字人文的描述为:"在数字化时代应运而生的数字人文,是借助计算机和数据科学等方法和手段进行的人文研究,究其性质是一门交叉学科,也是一种方法论。它将数字技术运用于人文阐释,是由媒介变革引发的知识生产范式的一次转型。"由此可见,数字人文是数字技术与人文科学的深度交叉融合,其核心内容为各种数字技术在人文学科当中的应用。

迄今为止,数字人文已在国内外发展了70年左右,其发展历程可梳理如下:

(1) 国外起源阶段。20世纪50年代,意大利耶稣会牧师罗伯托•布萨神父在工程师的帮助下给一千余万词的拉丁语著作做了索引标注,标志着数字人文的发端。

(2) 国外发展阶段。20世纪60至70年代,研究者们开始接受具有跨学科属性的实证社会科学,说明注重思辨的传统人文研究与注重实证的硬科学开始结合。

(3) 国外起势阶段。20世纪后半叶,数字人文领域专业期刊《计算机与人文》和《文学与语言计算》相继创刊,标志着"人文"研究离不开数字"计算"已成为业界共识,相关研究渐成燎原之势。

(4) 国外突破阶段。21世纪以来,数字人文进入2.0阶段,研究者们逐渐突破传统学科界限,开始生产、管理和交互"天生数字化"的知识。

(5) 国内引进阶段。2009年,数字人文的概念被正式引进中国学界,数字人文研究开始在国内生根发芽。之后10年,相关论文、著作和研讨会与日俱增,以数字人文命名的学术机构(如创建于2011年的武汉大学数字人文研究中心等)相继成立。

(6) 国内发展阶段。2019年被称为中国的"数字人文元年"。同年,清华大学和中华书局创办了大陆首份专业期刊《数字人文》,众多学术会议、交流活动在北京、上海、南京等地举行。之后,北京大学等高校陆续成立了数字人文研究中心,开设了数字人文课程。可以说,数字人文研究在国内正生机盎然、方兴未艾。

1.2 什么是日语数字人文

某种意义上,数字人文是一个开放性很强的包罗万象的"大帐篷"。随着语料库语言学等领域学者积极投身于数字人文研究,语言学相关研究也逐步融入数字人文大帐篷当中,成为其不可或缺的组成部分。在此背景下,上海外国语大学语料库研究院的雷蕾教授在其主编的"语言数字人文系列"丛书总序中提出"语言数字人文"这一概念,将其定义为"采用数字技术与方法以提出或解决语言学及其相关问题的研究领域",并简洁地阐释了其主要内涵:"① 语言数字人文研究聚焦于语言学及其相关问题研究,即传统语言学问题的研究和语言相关的其他学科问题研究;② 语言数字人文研究须采用数字技术与方法来进行研究;③语言数字人文研究不但采用数字技术与方法来解决已有问题,更是通过数字技术与方法,突破语言学的学科藩篱或界限,发现或提出新的问题。"(管新潮 等,2022)日语数字人文可以看成语言数字人文的具体研究内容之一(参考图1-1),主要借助各种数字技术及相关方法来解决现有的日语语言研究问题及其相关问题,并尝试发现或提出新问题。

图1-1 数字人文、语言数字人文与日语数字人文三者关系示意图

关于日语数字人文研究的数字技术来源,我们认为可广泛吸收语料库语言学、文本挖掘、文体统计学、计量语言学等相关学科和领域中的各种传统与新型技术。这些技术既能通过KH Coder、MTMineR等已开发好的软件工具实现,又可使用Python、R等编程语言实现。软件工具的优点是入门较为容易,操作较为简单,且搭载了较为丰富的功能来实现各种常用技术。例如,KH Coder提供了词表制作、词块提取、对应分析、聚类分析、词共现网络生成等技术(樋口耕一,2017)。MTMineR则可完成句节关系分析、词云图绘制、词共现网络生成、主题词分析、主成分分析、对应分析、聚类分析、主题模型建构、随机森林分析、支持向量机、决策树分析等十分丰富的任务(金明哲 等,2020)。但软件工具有时会囿于其固定功能而无法满足使用者的多元需求(毛文伟,2019a)。也就是说,当研究者需要综合运用其他技术来解决更为复杂的问题

时，往往容易受限于软件功能而无法继续深入研究。此时，除了等待新软件工具问世之外，别无他法。与此相对，Python、R等计算机程序设计语言则颇为灵活与高效，可通过编程方式快捷实现研究者对各种技术的个性化需求。尤其是Python语言被认为具有极其强大与便利的文本处理能力，十分适合用于语言数据分析，解决语言研究问题。对于日语语言研究者来说，计算机编程语言的学习的确难度不低，具有一定技术门槛，但其学习价值是无法估量的。这不仅因为编程语言功能强大，一旦掌握就相当于拥有了成千上万个多功能免费软件，还因为中国当前的日语语言研究正面临较大困境和挑战，而基于新兴数字技术的日语数字人文研究则是摆脱眼前困境、赢得当下挑战的有效途径之一（王升远 等，2021）。可以说，Python等相对易学但功能强大的编程语言在数字化浪潮中为中国的日语语言研究提供了新的机遇和发展空间，是研究者冲破艰难险阻，重获希望曙光的锋刀利器。

目前，以上海外国语大学的毛文伟教授、施建军教授等为代表的国内研究者们已率先在日语数字人文领域奋力探索、开疆扩土（毛文伟，2007、2011、2012a、2012b、2013a、2013b、2014、2016、2018、2019a、2019b、2021、2022a、2022b；毛文伟 等，2022c；施建军 等，2003；施建军，2007、2010；施建军 等，2011、2016；李文平，2018；栾孟颖 等，2020；杨晓敏 等，2022；钟勇，2021；杨琼，2021；王淑一 等，2022；孙莲花 等，2022；李文平 等，2022a、2022b、2022c），但该领域研究在中国仍处于起步阶段，还有无限生机和巨大潜能，尚待学界同仁勠力同心，共同开拓。

1.3 本书主要内容

鉴于以上背景，本书作为基于Python的日语数字人文系列著作之一，主要聚焦于语料库语言学中各种数字技术的Python编程实现及其应用。具体说来，本书较为全面地梳理和介绍语料库语言学中适用于日语数字人文研究的常用数字技术，详细演示其在日语文本数据处理中的Python编程实现，并提供这些技术在各种日语语言研究中的应用实例。本书旨在帮助日语语言研究者较为系统地了解语料库语言学涉及的主要内容和范围，较为快捷地掌握基于Python的语料库技术编程实现及日语文本数据处理方法，进而迅速获得发现优质日语数字人文课题的眼光以及开展新兴日语数字人文研究的能力。实际上，近年国内已出版一些由外语语言研究者撰写（或编写）的 Python 语言数据处理类著作，如管新潮 2018 年出版的《语料库与 Python 应用》、雷蕾 2020 年出版的《基于 Python 的语料库数据处理》、李文平 2020 年出版的《Python 与语言研究》、管新潮 2021 年出版的《Python 语言数据分析》、管新潮，陆晓蕾 2022 年出版的《基于 Python 的语料库翻译——数据分析与理论探索》等。但这些著作均以介绍 Python 对英语和汉语文本数据的处理方法为主，很少演示基于 Python 的日语文本数据处理，而不同语言文本的处理方法往往具有一些语言特异性（如使用的处理工具大相径庭等）。也就是说，作为一名日语语言研究者，即使有效掌握了现有著作中展示的所有技术，仍可能无法顺利开展日语文本数据处理工作。有鉴于此，本书聚焦于基于 Python 的日语文本数据处理方法。在此基础上，尽可能系统地描绘出语料库语言学当中的数字技术全景，并较为全面地提供一些应用了这些数字技术的日语语言研究实例，以此打通技术与应用之间的壁垒，从而促成读者学以致用，进而推动我国日语数字人文研究的进一步发展。

参考文献

大卫·M.贝里，安德斯·费格约德，2019.数字人文：数字时代的知识与批判[M].王晓光，等译.大连：东北财经大学出版社.

弗雷德·吉布斯，2022.按类型划分的数字人文定义[M]//特拉斯，等.数字人文导读.陈静，等译.南京：南京大学出版社：331-339.

管新潮，2018.语料库与 Python 应用[M].上海：上海交通大学出版社.

管新潮，2021.Python 语言数据分析[M].上海：上海交通大学出版社.

管新潮，陆晓蕾，2022.基于 Python 的语料库翻译：数据分析与理论探索[M].上海：上海交通大学出版社.

雷蕾，2020.基于 Python 的语料库数据处理[M].北京：科学出版社.

李文平，2018.基于现代日语书面语均衡语料库的动词名词搭配的实证研究[J].日语教育与日本学研究（1）：102-107.

李文平，2021.Python 与语言研究[M].北京：机械工业出版社.

栾孟颖，钟勇，2020. 日语专业毕业论文中的接续词使用特征研究：基于中日语料库对比视角[J]. 日语学习与研究（4）：39–46.

毛文伟，2007. 再论语料库研究的信度问题[J]. 日语学习与研究（4）：18–22.

毛文伟，2011. 二语习得量化研究中两种数据采集方法的对比研究[J]. 日语学习与研究（1）：12–18.

毛文伟，2012a. 日语学习者产出文本特征的量化分析[J]. 解放军外国语学院学报，35（1）：31–35.

毛文伟，2012b. 中介语表达失当现象的考察与归因：一项基于中国日语学习者语料库（CJLC）的研究[J]. 日语学习与研究（3）：56–62.

毛文伟，2013a. 现代日语书面语均衡语料库应用研究[J]. 日语学习与研究（2）：17–24.

毛文伟，2013b. 中国日语学习者作文词汇量及高频词目研究[J]. 外语电化教学（4）：9–15.

毛文伟，2014. 基于中日对译语料库的汉日翻译文本特殊性研究：以小说文本为例[J]. 日语学习与研究（4）：99–106.

毛文伟，2016. 日语翻译语言的范化及特化现象研究[J]. 日语学习与研究（1）：111–118.

毛文伟，2018. 数据挖掘技术在文本特征分析中的应用研究：以夏目漱石中长篇小说为例[J]. 外语电化教学（6）：8–15.

毛文伟，2019a. 论数据挖掘技术在文本分析中的应用[J]. 日语学习与研究（1）：1–9.

毛文伟，2019b. 基于线性分析的日语文本分类模型构建研究[J]. 外语电化教学（6）：97–102.

毛文伟，2021. 日本的语料库文体学研究：进展、问题及展望[J]. 外国语（上海外国语大学学报），44（3）：82–90.

毛文伟，2022a. 数据挖掘技术在学习者作文特征分析中的应用研究[J]. 日语学习与研究（2）：72–81.

毛文伟，2022b. 情感分析工具的性能对比及其在二语习得研究中的应用[J]. 外语电化教学（5）：94-100.

毛文伟，梁鹏飞，蒋夏梦，2022c. 进展 问题 展望 数据挖掘技术在日语语言研究中的应用[J]. 日语学习与研究（6）：76-94.

施建军，2007. 日语专业词汇的统计特征及基本专业词汇的界定[J]. 日语学习与研究（6）：1-5.

施建军，2010. 抽取日语专业词汇的一种量化方法：以医学专业词汇为例[J]. 日本学研究（1）：56-62.

施建军，谯燕，2011. 基于语料库的汉日通用词汇自动获取方法研究[J]. 解放军外国语学院学报，34(1)：23-26.

施建军，谯燕，2016. 中日同形词意义用法距离的计量研究：以对译比构建的 F-measure 为尺度[J]. 解放军外国语学院学报，39(4)：76-84.

施建军，徐一平，2003. 语料库与日语研究[J]. 日语学习与研究（4）：7-11.

孙莲花，薛静博，2022. 日本应急语言"简明日语"研究的路径、热点与启示：基于 KH Coder 的可视化分析[J]. 现代语文（6）：88-95.

王升远，修刚，王忻，等，2021. 中国的日语语言研究：困境、挑战与前景[J]. 日语学习与研究（5）：1-20.

王淑一，施建军，许埙钿，等，2022. 面向中国日语专业本科教学的文章难度测量研究[J]. 日语学习与研究（5）：45-56.

杨琼，2021. 七十年来汉文训读研究的课题与走向：基于 KH Coder 的文献计量分析[J]. 日语学习与研究（6）：48-56.

杨晓敏，钟勇，赵寅秋，2022. 中国学习者日语词汇丰富性发展实证研究[M]//蔡金亭. 第二语言学习研究：第十三辑. 北京：外语教学与研究出版社：59-72.

钟勇，2021. 基于概念空间的日语近义词可视化分析：以"勉強する・習う・学ぶ・学習する"为例[J]. 高等日语教育（1）：69-79.

金明哲，鄭弯弯，2020. テキストコーパスマイニングツール MTMineR[J]. 計量国語学，32(5)：265-276.

樋口耕一,2017.言語研究の分野におけるKH Coder活用の可能性[J].計量国語学,31(1):36−45.

李文平,劉海濤,熊子涵,2022a.日本語における語順の自由度と格標識の豊富さに関する計量的研究[J].計量国語学,33(5):325−340.

李文平,劉海濤,呉長紅,2022b.芥川龍之介の児童文学の文体に関する計量的分析[J].計量国語学,33(7):526−540.

李文平,劉海濤,小森早江子,2022c.統語依存関係に基づく位相研究:文章ジャンルの位相差を対象に[J].言語研究,162:47−62.

第二章
Python 与 PyCharm

2.1 什么是 Python

2.1.1 Python 简介

Python 是一种由荷兰人吉多·范罗苏姆(Guido van Rossum)开发的可供免费使用的面向对象的解释型计算机程序设计语言。Python 语言具有跨平台性强、扩展性好、开源友好、语法简洁、易学易用、标准库和第三方库[①]丰富等众多优点(雷蕾,2020)。这些优点使其在世界各地吸引了大量使用者和拥护者。并且,由于近年被广泛应用于人工智能(AI)等领域,Python 一跃成为当前最为流行和最受关注的编程语言之一。可以说,Python 是一门十分适合文科研究者学习的功能强大的编程语言。

2.1.2 Python 安装步骤

本书中使用的 Python 版本为 Windows 版 Python 3.7.4(32-bit),具体安装步骤如下:

(1) 在浏览器中输入下载地址(https://www.python.org/downloads/release/python-374/),进入下载页面。然后把页面下拉到图 2-1 位置,并在图中长方形标识区域单击下载 Windows 版 Python 3.7.4(32-bit)。

[①] Python 中的库(package)有时也称作包或模块。

Files

Version	Operating System
Gzipped source tarball	Source release
XZ compressed source tarball	Source release
macOS 64-bit/32-bit installer	macOS
macOS 64-bit installer	macOS
Windows help file	Windows
Windows x86-64 embeddable zip file	Windows
Windows x86-64 executable installer	Windows
Windows x86-64 web-based installer	Windows
Windows x86 embeddable zip file	Windows
Windows x86 executable installer	Windows
Windows x86 web-based installer	Windows

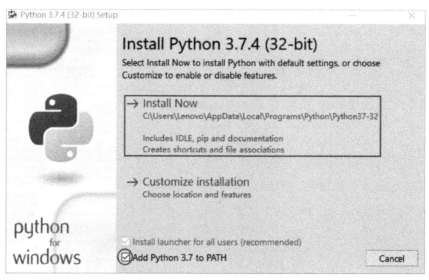

图 2-1　Python 3.7.4(32-bit)下载位置

(2) 双击下载好的 python-3.7.4.exe 文件,打开安装界面(图 2-2)。首先在界面左下方圆形标识区域中的方框内打上勾,然后单击中部长方形标识区域启动安装程序,进而完成自动安装。

图 2-2　Python 3.7.4(32-bit)安装界面

（3）使用快捷键 Win（即⊞）+ R 打开 Windows 系统运行窗口（图 2-3），在"打开(O)"后面的文本框内输入"cmd"，然后单击图下方的"确定"按钮启动命令窗口（图 2-4）。之后，在命令窗口长方形标识区域输入"python"，并按回车键 Enter。如能正常显示图 2-4 下方的"Python 3.7.4……"等信息，则表示 Python 3.7.4 安装成功。

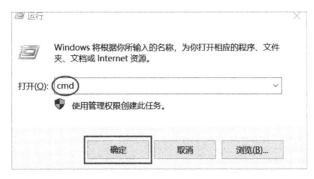

图 2-3　运行窗口

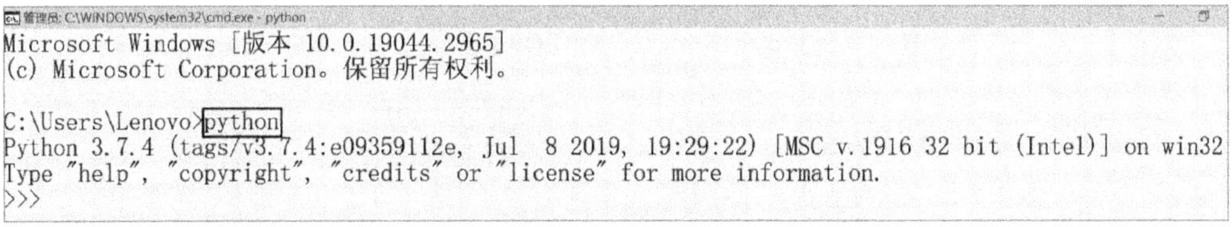

图 2-4　命令窗口

2.2　什么是 PyCharm

2.2.1　PyCharm 简介

Python 安装成功后会自带一个名为"IDLE"的集成开发环境，用于创建、运行、调试 Python 程序代码。但 IDLE 功能比较有限，业界一般使用 PyCharm 等更为便捷和强大的工具。具体说来，PyCharm 是一款由 JetBrains 公司打造的集成开发环境，提供了代码调试、语法高亮、项目管理、代码跳转、智能提示、自动完成、单元测试、版本控制等一系列助力用户提高程序开发效率的功能。

2.2.2 PyCharm 安装步骤及首次启用

本书通过可免费使用的 Windows 版 PyCharm Community Edition 2022.3.2 完成编程工作,具体安装步骤及首次启用方法如下:

(1) 在浏览器中输入下载地址(https://www.jetbrains.com/pycharm/download/other.html),进入下载页面。然后把页面下拉到图 2-5 位置,并在图右侧(即 PyCharm Community Edition 版本)中部的长方形标识区域内单击下载 Windows 版 PyCharm Community Edition 2022.3.2。

Version 2022.3	2022.3.2 ▼
PyCharm Professional Edition	**PyCharm Community Edition**
2022.3.2 - Linux (tar.gz)	2022.3.2 - Linux (tar.gz)
2022.3.2 - Linux ARM64 (tar.gz)	2022.3.2 - Linux ARM64 (tar.gz)
2022.3.2 - Windows (exe)	2022.3.2 - Windows (exe)
2022.3.2 - Windows ARM64 (exe)	2022.3.2 - Windows ARM64 (exe)
2022.3.2 - macOS (dmg)	2022.3.2 - macOS (dmg)
2022.3.2 - macOS Apple Silicon (dmg)	2022.3.2 - macOS Apple Silicon (dmg)

图 2-5　PyCharm Community Edition 2022.3.2 下载位置

(2) 双击下载好的 pycharm-community-2022.3.2.exe 程序打开安装界面(图 2-6)。然后单击该界面右下方椭圆形标识区域中的"Next"按钮进入下一个界面(图 2-7)。

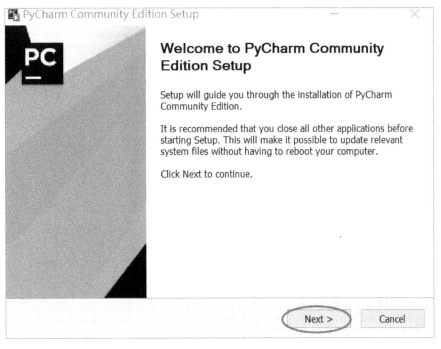

图 2-6　PyCharm Community Edition 2022.3.2 安装界面(一)

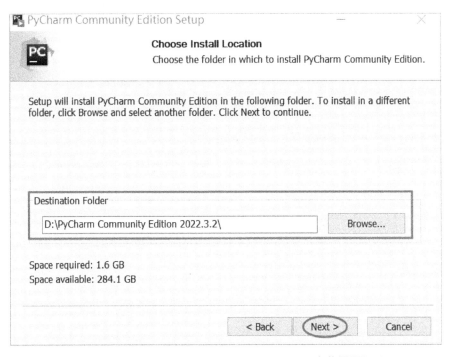

图 2-7　PyCharm Community Edition 2022.3.2 安装界面(二)

在图2-7界面中的长方形标识区域单击"Browse..."按钮设置好安装目录(也可直接使用默认目录),然后单击该界面右下方的"Next"按钮进入下一个界面(图2-8)。

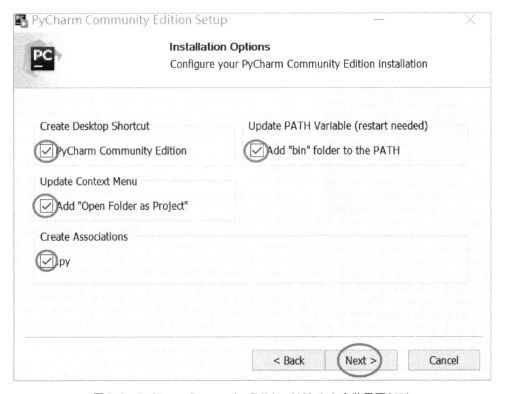

图2-8　PyCharm Community Edition 2022.3.2 安装界面(三)

把图2-8界面中所有椭圆形标识区域中的方框都打上钩,然后单击该界面右下方的"Next"按钮进入下一个界面(图2-9)。最后,单击图2-9界面右下方的"Install"按钮即可启动安装进程。

安装结束后,会自动进入一个重启界面(图2-10)。首先在该界面单击选中长方形标识区域中的"Reboot now"选项,然后单击界面右下方的"Finish"按钮重启电脑,结束安装过程。

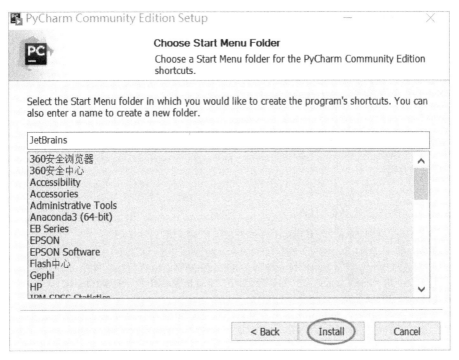

图 2-9　PyCharm Community Edition 2022.3.2 安装界面(四)

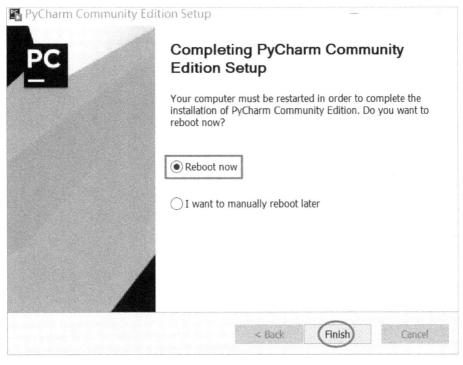

图 2-10　PyCharm Community Edition 2022.3.2 安装界面(五)

(3) 电脑重启后,双击桌面上自动生成的"PyCharm Community Edition 2022.3.2"图标进入用户同意确认界面(图2-11)。

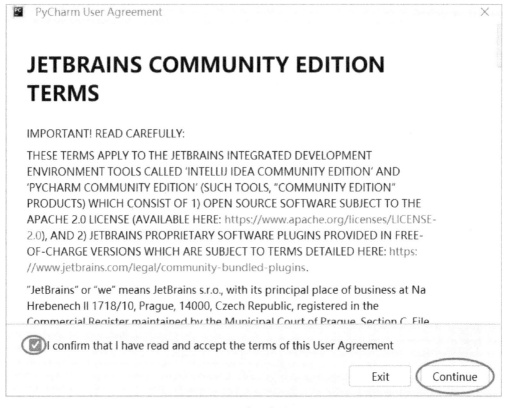

图 2-11　用户同意确认界面

首先在图2-11界面左下方椭圆形标识区域内的方框中打上钩,然后单击该界面右下方的"Continue"按钮进入 PyCharm 项目创建界面(图2-12)。

点击图2-12界面中部椭圆形标识区域中的"New Project"按钮进入新 PyCharm 项目创建界面(图2-13)。

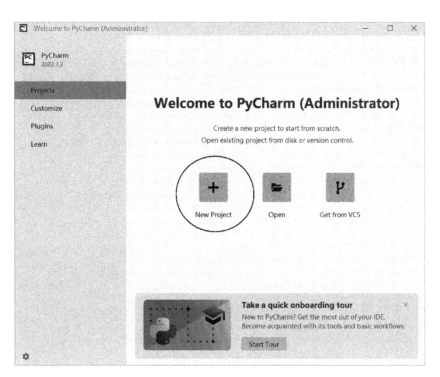

图 2-12　PyCharm 项目创建界面

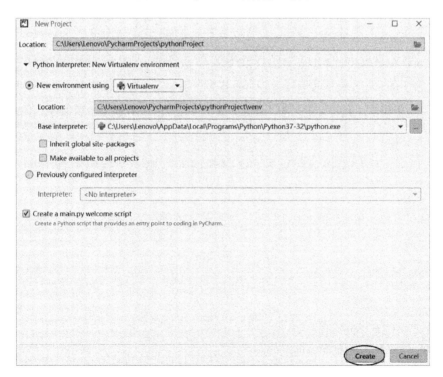

图 2-13　新 PyCharm 项目创建界面(一)

单击图2-13界面右下方椭圆形标识区域中的"Create"按钮即可创建一个新PyCharm项目(图2-14)。

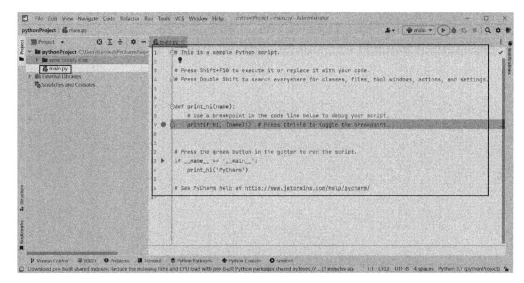

图2-14　新PyCharm项目主界面

图2-14中的新项目自带一个名为"main.py"的Python文件(位于项目主界面左上方长方形标识区域内),该文件中的具体代码显示在项目主界面右侧长方形标识区域内,该区域即为Python程序代码编辑区。然后,点击项目主界面右上方椭圆形标识区域内的小三角形即可运行当前代码(即该三角形左侧显示的Python文件"main"中的代码)。此外,还可在代码编辑区单击鼠标右键,然后在弹出来的菜单中单击以三角形开头的run选项来运行当前代码①。运行结束后,如出现图2-15下方长方形标识区域中的运行结果"Hi, PyCharm",则表明代码运行顺利,PyCharm使用正常。

---

① 当点击项目主界面中的三角形没能成功运行当前代码时,可改为使用鼠标右键运行方式。尤其是第一次运行某个 Python 文件时,建议优先通过鼠标右键运行。

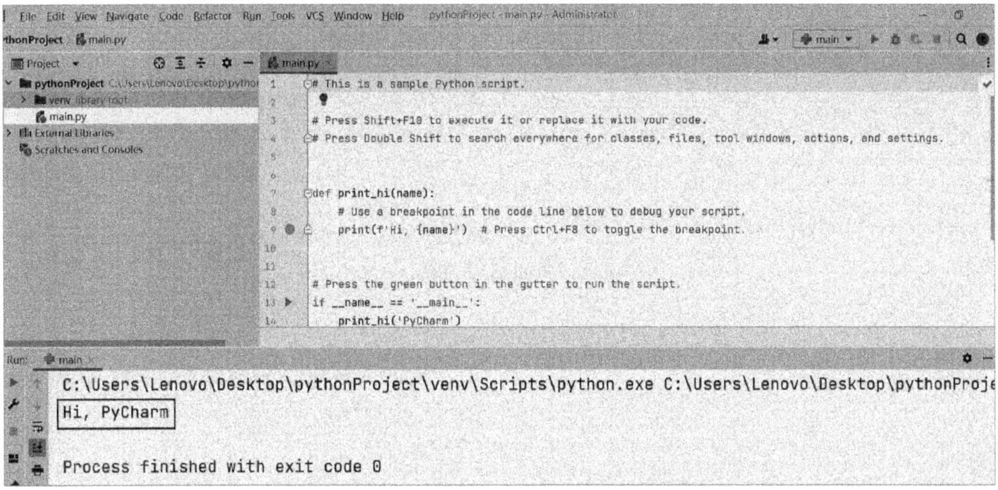

图 2-15 "main.py"文件代码运行结果

2.2.3 PyCharm 基本操作

正式运用 PyCharm Community Edition 2022.3.2 编写 Python 程序前,我们至少需掌握以下几项基本操作技能:

(1) PyCharm 项目创建。创建一个新 PyCharm 项目的具体步骤为:首先双击电脑桌面上的"PyCharm Community Edition 2022.3.2"图标,打开一个 PyCharm 项目主界面。然后单击该界面左上方椭圆形标识区域中的"File"菜单按钮(图 2-16),并在展开后的子菜单中单击"New Project..."选项进入 PyCharm 项目创建界面(图 2-17)。

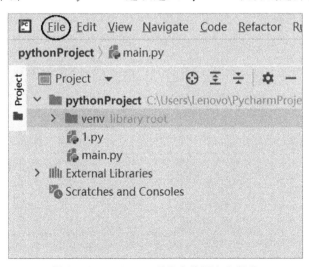

图 2-16　PyCharm 项目主界面左上部分

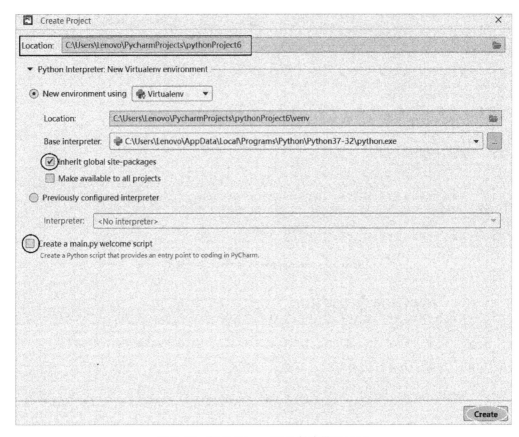

图 2-17　新 PyCharm 项目创建界面(二)

首先在图 2-17 界面上方的长方形标识区域内设置好项目保存路径(也可直接使用默认路径),然后在该界面左侧中部位置"Inherit global site-packages"选项前的方框内打上钩(这步操作十分重要,会直接影响后面第三方库的安装和使用),并取消左侧"Create a main.py welcome script"选项前的勾选。最后,单击界面右下方的"Create"按钮进入项目打开方式选择界面(图 2-18)。

图 2-18　PyCharm 项目打开方式选择界面

单击图 2-18 界面左下方椭圆形标识区域中的"This Window"按钮,即可在当前窗口成功创建一个新 PyCharm 项目(图 2-19)。

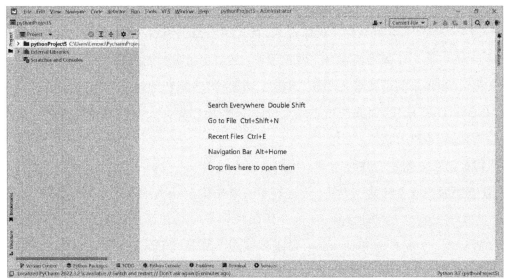

图 2-19　新创建的 PyCharm 项目主界面

(2) Python 文件创建。PyCharm 项目创建好之后,就可以根据需要在项目中创建一个或多个用来撰写代码的 Python 文件。在当前项目中创建新 Python 文件的方法主要有两种:

① 从项目名称处创建。具体说来,首先把鼠标指针移到当前项目主界面左上方区域中的项目名称上(如图 2-19 中的"pythonProject5"或图 2-16 中的"pythonProject"),然后单击鼠标右键,在弹出来的菜单中选中最上方的"New"选项,并在自动弹出来的子菜单中单击"Python file"选项,如此便可进入 Python 文件创建界面(图 2-20)。

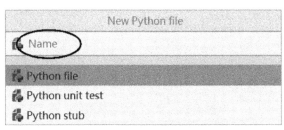

图 2-20　Python 文件创建界面

在图 2-20 界面中的椭圆形标识区域填写好文件名之后,按回车键(或双击界面中的"Python file"选项)便可创建并打开一个新 Python 文件,且鼠标光标会自动定位到代码编辑区(参考图 2-14),此时便可撰写代码了。

② 从"File"主菜单创建。具体说来,首先单击当前项目主界面左上方区域中的项目名称,以此定位到当前项目文件位置①。然后单击项目主界面左上方的"File"菜单按钮,在弹出来的子菜单中单击"New…"选项,然后在弹出来的窗口中进一步单击"Python File"选项,如此便可进入 Python 文件创建界面。之后的操作与第一种方法完全相同,不再赘述。

(3)第三方库的安装与卸载。我们在编程过程中不仅会使用 Python 自带的标准库,还会经常用到各种第三方库,而这些库需事先安装到本地电脑中才能正常使用。第三方库的安装方式比较多样,在此介绍两种十分实用和便捷的方法:① 基于界面操作的安装。首先单击 PyCharm 项目主界面左下部分(图 2-21)最下方长方形标识区域的"Python Packages"标签,打开第三方库安装界面(图 2-22)。

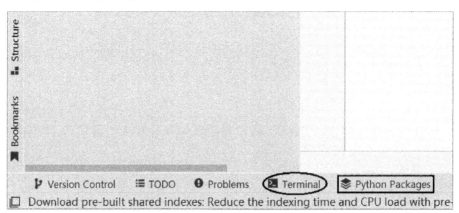

图 2-21　PyCharm 项目主界面左下部分

图 2-22　第三方库安装界面

① 若打开 PyCharm 项目时已自动定位在当前项目文件上,则可省略这一步。

然后在图 2-22 界面左上方长方形标识区域内输入所安装的库名(如 pandas),此时界面右侧会自动出现该库简介。最后,单击界面右侧椭圆形标识区域中的"Install package"按钮即可自动完成该库的安装过程;② 基于 pip 工具的安装。pip 是专门用来管理 Python 库的专业工具,提供了 Python 库查找、下载、安装、卸载等多种功能。通过 pip 工具安装第三方库时,首先需单击 PyCharm 项目主界面左下部分(参考图 2-21)最下方椭圆形标识区域的"Terminal"标签,以此打开终端操作界面(图 2-23)。

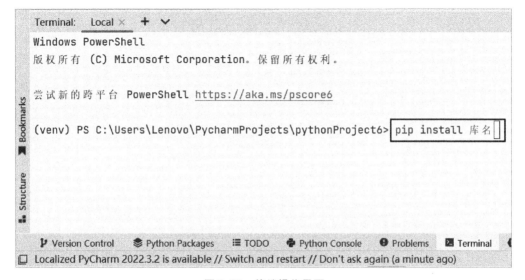

图 2-23　终端操作界面

然后在图 2-23 界面右侧长方形标识区域内输入"pip install"加"库名(如 pandas)",再按回车键即可自动启动该库安装进程。但需注意的是,使用该方式(及第一种方法)安装第三方库时,很多时候速度会比较慢。此时可把终端中的输入内容改为"pip install -i https://pypi.tuna.tsinghua.edu.cn/simple 库名",以此通过国内清华镜像源进行安装。建议大家在安装第三方库时优先使用国内镜像源安装方法,因为该方法通常都会比较快。国内比较常用的镜像源还有以下 3 个:

豆瓣源:pip install -i https://pypi.douban.com/simple/ 库名
阿里源:pip install -i https://mirrors.aliyun.com/pypi/simple 库名
中科大源:pip install -i https://pypi.mirrors.ustc.edu.cn/simple/ 库名

另一方面,我们有时需卸载一些错装或不再使用的第三方库,此时可在终端操作界面中输入"pip uninstall"加"库名(如 pandas)",然后再按回车键即可完成该库的卸载任务。

参考文献

雷蕾,2020.基于 Python 的语料库数据处理[M].北京:科学出版社.

第三章 语料库语言学概述

3.1 什么是语料库

3.1.1 语料库的定义

目前,在语言研究中广泛使用语料库(corpus)已成为一种普遍趋势,研究者们借助语料库来提升研究的科学性、数据分析效率及结果可靠性(梁茂成,2016)。那么,究竟什么才是语料库呢?简单说来,语料库就是一个"电子文本集"(梁茂成 等,2010)。但对于语料库的理解,普通语言研究者和语料库语言学家存在重要差异。前者对语料库的理解较为宽松,认为语料库只是语言研究中可赖以观察并提供线索的语言素材,其规模可大可小,语言素材可来源于几位作家(甚至某一位作家)的一两部作品或某词典中的部分例句等;而后者对语料库的理解较为严格,十分重视其真实性和代表性,强调语言研究中所使用的语料库必须具有广泛的代表性,必须充分反映该语言或语言变体的各种特征(梁茂成,2016)。

3.1.2 语料库的类别

关于语料库的类别,可基于不同标准划分为不同类型,详情见表 3-1(参考梁茂成,2016)。

表 3-1 语料库的主要类型

分类标准	主要类型	基本特征
所代表的整体	通用语料库	代表一种语言的整体，常作为参照语料库，且可根据文本属性分解为各种子语料库
	专门语料库	代表某语言的一种专门语体或某专门领域的语言，常作为观察语料库
语言传播媒介	口语语料库	语言素材通常为由口语转写而来的记录了各种口语特征（如犹豫、停顿、语调等）的文本，建设难度相对大，规模一般较小
	笔语语料库	语言素材为笔语（即书面语），建设相对容易，规模一般较大
语言产出者身份	母语者语料库	收集的是母语者（即本族语者）产出的语料，常作为参照语料库
	学习者语料库	收集的是学习者产出的语料，常作为观察语料库
语料产生年代	共时语料库	收集的是相同时期内产出的语言，建设相对容易
	历时语料库	收集的是不同时期内产出的语言，建设难度相对大
所含语言种类	单语语料库	语料全部来自同一种语言，最为常见
	双语语料库	大多为平行语料库，即库中两种语言之间是源语言和翻译语言的关系
	多语语料库	包含多种不同语言

由表 3-1 可知，语料库类型多样、特点各异，在研究当中需根据研究目的和实际需求选择合适的语料库作为基础资源。

3.2 什么是语料库语言学

3.2.1 语料库语言学的定义

使用语料库的学术研究起源于 20 世纪 40 年代末。在 20 世纪 50 年代，意大利耶稣会牧师罗伯托·布萨神父在工程师的帮助下给一千余万词的拉丁语著作做了索引标注,标志着数字人文开始发展。之后,在数字化浪潮当中,基于语料库的语言学研究发展迅速,渐成主流。目前,语料库语言学已广泛应用于传播学、文学、历史学、政治学、社会学、心理学、法学等诸多人文社科领域(许家金,2023)。那么,究竟什么是语料库语言学呢?以往主要有两派观点:(1)语料库语言学指以兰卡斯特大学一批学者为代表的使用"基于语料库的方法"开展研究的学科领域,该观点强调语料库语言学的工具性,倡导使用语料库来研究语言问题和社会问题,验证语言理论和结论等,并建立了一套日益完善的研究方法;(2)语料库语言学指以伯明翰大学一批学者为代表的使用"语料库驱动的方法"开展研究的学科领域,该观点主张语料库语言学不仅是一种方法,更是一种独立于已有语言理论的全新理论,它从词语和短语学视角来描述和分析语言(梁茂成,2016)。这两派观点的主要区别在于所采用的研究范式,即前者使用"基于语料库的研究范式",后者则使用"语料库驱动的研究范式"。尽管这两种研究范式都以语料库作为研究当中的基础数据,不应夸大其不同之处,但两者确实在研究方法类型、对学科属性的认识、对搭配地位的认识、对文本取样方法的认识、对标注的态度等方面存在不少差异,详情见表3-2(梁茂成,2016)。

表3-2 基于语料库的研究范式和语料库驱动的研究范式的主要差异

主要方面	基于语料库的研究范式	语料库驱动的研究范式
研究方法类型	是一种"自上而下"的验证型研究方法,通常基于已有理论和范畴,利用从语料库中提取的数据,采用实证方法对假设加以验证	是一种"自下而上"的探索型研究方法,通常拒绝使用任何语料库语言学之外的理论和范畴,主张通过对语料库索引行的观察产生假设,验证并完善假设,直至提出新理论和新范畴
对学科属性的认识	语料库语言学是一种建立在大量自然发生的语言数据和一整套新工具之上的新方法	语料库语言学是一种建立在对语境中词语的观察之上的新理论和新学科
对搭配地位的认识	搭配在语言研究中比较重要,但独立的词语也有其基本意义,语言学研究不仅要包括搭配分析,还应该涵盖语言其他层面	脱离语境的词语没有意义,词语的真正意义体现在搭配之中,由搭配构成的短语才是真正的意义单位,搭配是语言研究的核心所在

续表

主要方面	基于语料库的研究范式	语料库驱动的研究范式
对文本取样方法的认识	不必保持语料库中文本的整体性,对文本进行取样时可以取其不同部分	对文本进行取样时不应该破坏其整体性,文本无论长短都应该整体收入语料库
对标注的态度	标注可以给语料库带来增值,对语料库进行标注有助于深化语言研究	标注就是把已有理论中的范畴插入到语料库中,会妨碍对语言事实的观察

但近年来,以上两派观点开始走向融合,逐渐形成了一种更好接受的观点,即"语料库语言学有着一整套日趋完善的方法,还形成了一种全新的语言描写理论;语料库语言学既有理论的一面,也有方法的一面;语料库语言学可以服务于语言理论研究,并对应用语言学研究也具有十分重要的价值,甚至可以广泛应用在社会科学研究中"(梁茂成,2016)。

3.2.2 语料库语言学的技术体系

在语料库语言学的技术体系当中,主要包含了词表制作、N元分析、主题词分析、索引行生成、显著搭配提取、语言特征统计(如词汇多样性统计、平均词长统计、词长分布统计、平均句长统计、词类占比统计、词汇密度统计、MVR统计、词汇复杂性统计、句式频次统计)等数字技术(毛文伟,2012;李建平 等,2014;张建华,2015;梁茂成 等,2016;管新潮,2018;杨晓敏 等,2022;布施悠子 等,2021;王淑一 等,2022)。从下一章开始,我们依次展示这些技术在日语文本数据处理中的Python编程实现,并在最后一章集中介绍基于这些技术的日语语言研究实例。

参考文献

管新潮,2018. 语料库与Python应用[M]. 上海:上海交通大学出版社.

李建平,秦洪武,2014. 中美中学生英语写作用词词长对比研究[J]. 语料库语言学,1(2): 45-59.

梁茂成,2016. 什么是语料库语言学[M]. 上海:上海外语教育出版社.

梁茂成,李文中,许家金,2010. 语料库应用教程[M]. 北京:外语教学与研究出版社.

毛文伟,2012. 日语学习者产出文本特征的量化分析[J]. 解放军外国语学院学报,35(1):31-35.

王淑一,施建军,许埼钿,等,2022. 面向中国日语专业本科教学的文章难度测量研究[J]. 日语学习与研究(5):45-56.

许家金,2023. 人文社会科学研究的语料库语言学路径[J]. 中国外语,20(1):1+12-19.

杨晓敏,钟勇,赵寅秋,2022. 中国学习者日语词汇丰富性发展实证研究[M]//蔡金亭. 第二语言学习研究:第十三辑. 北京:外语教学与研究出版社:59-72.

张建华,2015. 日语专业学生产出性词汇广度知识发展的研究[J]. 当代外语研究(3):31-35.

布施悠子,鈴木靖代,2021. 対話場面における中国人日本語学習者の「と思う」の習得過程の一考察:『北京日本語学習者縦断コーパス(B-JAS)』のデータから[J]. 国立国語研究所論集,20(20):95-113.

第四章 日语词表制作技术

4.1 技术概要与编程提示

语料库语言学中所说的词表(word list,也叫词频表)可理解为一个带有词频信息的词汇列表。该列表通常把某文本或语料库中的所有单词及其出现频次汇总为一个按词频从高到低排列的词汇清单(参考表 4-1)。由此可知,词表制作本质上是一种单词频次统计。

表 4-1 日语词表示例

单词	频次
て	25 128
は	14 267
です	8 356
時	531
書く	390
高い	250
謝る	30
携帯	6
……	……

词表制作功能把语料库中的文本转换成了一系列有意义的数字,对文本量化分析意义重大(梁茂成,2016)。另一方面,由于词汇是语言不可或缺的组成部分,在语言习得过程中起到基础性和关键性作用,研究者们在原始词表基础上精心调整和开

发的各类词表可为语言教学等提供有益参考(施雅倩 等,2020)。

运用 Python 编程制作日语词表时,既可以把单个文本当中的数据制成词表,也能够把包含多个文本的语料库数据制成词表。在词表制作过程中有一项十分基础但极其重要的任务,即使用合适的分词工具及分词词典进行日语分词。日语分词指将一段连续的日语文字分解成一个一个的独立单词,且将其活用形还原为基本形。譬如,我们可以把日语句子"彼は日本語を話している"分解为"彼""は""日本語""を""話す""て""いる"等 7 个单词。一般说来,不同日语分词工具与词典的搭配使用会对分词精度和结果产生较大影响。目前可供选择的日语分词工具和词典较为丰富,本书选择评价良好、运用广泛的日语分词工具 MeCab 软件及 IPA 词典和 UniDic 词典完成所有日语分词工作。

为了较为全面地展示日语词表制作技术的 Python 编程实现方法,从下一小节开始详细介绍两个编程案例:(1) 基于 IPA 词典的词表制作编程实现,(2) 基于 UniDic 词典的词表制作编程实现。开始编程前,需事先安装好 MeCab 软件、相关分词词典以及所需的第三方库,具体安装方法如下:

(1) MeCab 软件和 IPA 词典安装

MeCab 是奈良先端科学技术大学院大学的工藤拓开发的一套日语分词(形态分析)和词性标注系统软件,可通过官方网站(http://taku910.github.io/mecab/#download)进行免费下载和安装。本书使用的软件版本为 Windows 版 mecab 0.996,具体下载位置如图 4-1 长方形标识区域所示。

图 4-1　Windows 版 mecab 0.996 下载位置

下载完成后,首先双击 mecab-0.996.exe 程序,然后按照界面提示一步一步往下走即可快速完成安装。需特别注意的是,在安装过程中出现编码选择窗口时需选择"UTF-8"。此外,该安装程序中自动捆绑了 IPA 词典,需允许程序一并安装该词典。

(2) UniDic 词典安装

UniDic 词典是由日本国立国语研究所研发的一系列专门用于 MeCab 软件的日语分词词典,其中包括《现代书面语词典》《现代口语词典》以及 10 部古日语词典①。该词典的最大特点是,能够将与某单词相关的所有不同写法和形式全部统一(或还原)成一种名为"词汇素"("語彙素")的形态。譬如,"大きい""おおきい""おっきい"的词汇素都是"大きい"。这种统一十分有利于精确统计日语文本中的类符(type)。所谓类符,指文本中任何一个独特的词形,即重复出现的词形只算一个类符(梁茂成 等,2010)。与类符相对的概念是形符(token),形符类似于我们日常所说的"词",在语料库语言学中专指经过分词处理之后的词(梁茂成 等,2010)。所有 UniDic 词典均可通过官方网站免费下载和使用。本书在分词处理过程中主要使用《现代书面语词典》(版本为 unidic-cwj-3.1.1)②,下载后的词典为 zip 压缩文件,解压后便完成了安装,随时可在编程过程中调用。

(3) 第三方库安装

日语词表制作过程中需用到 mecab、nltk、pandas、openpyxl、re 等库。其中,mecab 相当于一个中介,用于在 Python 编程过程中间接调用提前安装好的 MeCab 软件;nltk 是一个比较著名的自然语言处理库,可轻松完成各种自然语言处理任务;pandas 主要用来完成各种数据分析任务;openpyxl 是一个专门处理 excel 文件的库,在程序运行时被 pandas 库间接调用,相当于 pandas 库的依赖库;re 库则主要用于字符串匹配任务。在这些库当中,re 是 Python 自带的标准库,无需安装,其他库则为第三方库,需提前在 PyCharm 项目中安装好③。

---

① 详情见官方网站:https://clrd.ninjal.ac.jp/unidic/。
② 其他词典的使用方法与《现代书面语词典》相同。
③ 第三方库的具体安装方法请参考 2.2.3 节内容。

4.2 基于IPA词典的词表制作编程实现

4.2.1 所用语料与编程步骤

所用语料为一个名为"单个文本数据.txt"的纯文本文件。该文件位于电脑桌面(Desktop),其绝对路径(即保存位置)为"C:\Users\Lenovo\Desktop\单个文本数据.txt"。文件中的具体内容为以下日语句子:

私は今日からPythonを習い始める。一緒にならわないのか。習ったほうがいいよ!習わなかったら損だよ!

然后,编程时的主要步骤如下:

第一步:读取单个文本中的日语语料;
第二步:对日语语料进行分词处理并整理成嵌套列表;
第三步:从嵌套列表中提取日语单词列表;
第四步:对日语单词列表进行词频统计并将结果存入Excel表格。

4.2.2 分步代码

【第一步:读取单个文本中的日语语料】

日语文本数据是制作日语词表的原材料,所以编程的第一步为读取文本文件中的日语语料数据,具体代码[①]如下:

```
1    with open(r"C:\Users\Lenovo\Desktop\单个文本数据.txt", encoding = "utf-8") as txtfile:
2        textdata = txtfile.read()
3    print(textdata)
```

代码逐行解析:

[①] 本书中展示的代码大多参考互联网上公开的代码修改、整合或原创而成。此外,也适度参考了现有的基于Python的语言数据处理类著作,如《语料库与Python应用》(管新潮,2018)、《基于Python的语料库数据处理》(雷蕾,2020)、《Python语言数据分析》(管新潮,2021)、《基于Python的语料库翻译——数据分析与理论探索》(管新潮 等,2022)等。

第1~2行代码组成一个相对独立的代码块,实现了打开目标文件并读取其中内容的功能。具体说来,第1行代码使用with open()函数打开"单个文本数据.txt"这一目标文件,并将其命名为变量txtfile,即在代码世界中txtfile相当于目标文件本身。with open()函数的括号()中输入了两个以半角英文逗号(,)①隔开的参数。第1个参数指定了目标文件的保存路径②,其基本格式为:r"目标文件绝对路径",路径前面的r不是必需的,但表达文件路径时一般都加上,以防因字符转义而导致路径错误③;第2个参数指定了打开文件时所用的编码方式(encoding),一般指定为"utf-8"即可。实际上,这里的绝对路径"C:\Users\Lenovo\Desktop\单个文本数据.txt"和编码方式"utf-8"在Python当中都叫作字符串。字符串是Python常用数据类型之一,可简单理解为使用半角双引号(" ")或半角单引号(' ')引起来的由各种字符(字母、汉字、数字、符号等)按照先后顺序组成的一个或长或短的有序序列。譬如,"python"、'23'、"頑張る％88ch--"等都是字符串,且字符串中的每个字符都被分配了一个索引号(即序号)。需特别注意的是,字符串中的字符索引号从0开始依次递增,即第1个字符(如"python"中的p)的索引号为0,第2个字符(如"python"中的y)的索引号为1,第3个字符(如"python"中的t)的索引号为2……依此类推。此外,也可使用倒数的方式来获得索引号,即字符串中最后1个字符的索引号为-1,倒数第2个字符的索引号为-2,倒数第3个字符的索引号为-3……依此类推。通过字符的索引号可以十分便捷地提取出相应的字符或字符串。例如,通过代码"python"[0]可提取出字符p,"python"[-2]可提取出字符o,"python"[0:3]则可提取出字符串"pyt"④。接下来,第2行代码在第1行代码的基础上通过一个半角英文句号(.)对txtfile对象调用

---

① Python程序代码中只能使用半角的英文标点符号和字母,使用全角则会报错。初学者往往容易忽视这一点,导致经常报错,需多加注意。

② 目标文件在大家电脑中的实际保存路径很可能和本书当前代码中的路径不同,编程时需把当前代码中的路径替换为目标文件在大家电脑中的实际保存路径。

③ 具体说来,字符前面加上字母r的作用为,标示出这些字符都是原始字符,即其中不存在以反斜杠(\)开头的转义字符。所谓转义字符,指那些以反斜杠开头的具有特定含义的字符,其含义不同于字符的原始含义。例如,字符"\n"表示的是"换行符"这一特定含义,r"\n"才能表示其原始含义——反斜杠后面加上字母n。

④ 在此需注意的是,以"[起点字符索引号:终点字符索引号]"的方式提取字符串时,提取到的结果并不包括终点字符索引号所对应的终点字符。

read()方法①,读取其具体内容(私は今日からPythonを習い始める。一緒にならわないのか。習ったほうがいいよ！習わなかったら損だよ！),并使用等号(=)将该内容赋值给变量 textdata,即 textdata 中储存了该内容,且内容是以一个字符串的形式存在的。最后,需再次强调的是,第 1～2 行代码是一个相对独立的代码块,所以在第1 行代码末尾输入了一个半角冒号(:),且在第 2 行代码前面存在缩进,即空了 2 格。

第 3 行代码使用 print()函数打印出 textdata 变量中储存的具体内容(即一个比较长的字符串),该函数的基本格式为:print(打印内容)。代码运行结束后,所打印的内容会在 PyCharm 项目界面下方(参考图 4-2 中的长方形标识区域)自动显示出来,根据显示结果便可十分方便地判断目标文件中的日语语料是否读取成功。

图 4-2　textdata 中储存的字符串

需要补充说明的是,第 3 行代码其实并不是必需代码,但据笔者个人编程经验来看,在编程过程中不断使用 print()函数打印出各种变量的具体内容可有效检验已有代码的正确与否,还可助力后续代码的顺利撰写,所以建议大家多多使用该函数。

【第二步:对日语语料进行分词处理并整理成嵌套列表】

在第一步当中,我们成功读取了目标文件"单个文本数据.txt"中的日语语料(私は今日からPythonを習い始める。一緒にならわないのか。習ったほうがいいよ！習わなかったら損だよ！),并将其以一个字符串的形式储存在变量 textdata 中。接下来便可对 textdata 中的字符串进行分词处理和数据整理,具体代码如下:

```
4    import MeCab
5    import re
```

---

①方法和函数的主要区别在于:当以"对象.处理方式"的形式专门针对某对象调用某处理方式时,该处理方式称为方法;而将某对象直接作为参数投入某处理方式当中时,该处理方式称为函数。某种意义上,方法可理解为专门用于某类特定对象的函数,具有一定的特殊性,而通常所说的函数则无固定使用对象,具有一定的普适性。

```
6    tokenizer = MeCab.Tagger()
7    words = tokenizer.parse(textdata)
8    print(words)
9    words = words.strip()
10   words = re.split('\n', words)
11   words = words[0:-1]
12   print(words)
13   tokenslist = []
14   for word in words:
15       item = re.split('[ \t,]', word)
16       tokenslist.append(item)
17   print(tokenslist)
```

代码逐行解析：

第4行代码使用"import 库"的代码形式把事先安装好的第三方库 mecab（即该行代码中的 MeCab）导入当前 PyCharm 项目中，以供后续代码使用。通过该库可间接调用已安装好的 MeCab 软件，从而完成日语分词任务。某种意义上，Python 库类似于储藏在某处的一个工具箱，使用前需先把该工具箱搬出来摆好，之后才能方便地从箱子里拿出各种工具来完成各种任务。使用"import 库"的代码形式就相当于把指定的工具箱先搬出来。

第5行代码使用"import 库"的代码形式把标准库 re 导入当前 PyCharm 项目中，以供后续使用。

第6行代码通过英文句号从 MeCab 库中调用 Tagger() 函数设置一个分词器对象[①]，并通过一个等号将其赋值给变量 tokenizer，即此时的 tokenizer 相当于分词器本身。

第7行代码首先通过英文句号对 tokenizer 对象调用 parse() 方法，以此完成变量 textdata[作为 parse() 方法的参数]中字符串的分词处理任务，然后把分词结果（一个十分复杂的字符串）赋值给变量 words，即此时 words 中储存的是分词结果。

第8行代码则通过 print() 函数把 words 中储存的复杂字符串（即分词结果）打印

[①] 值得注意的是，MeCab.Tagger() 中英文句号的功能似乎不同于前文 txtfile.read() 中的句号，前者表示从某库调用某函数，而后者表示针对某对象调用某方法。

出来查看（参考图 4-3）。从图 4-3 中可以看出，原来的日语句子已经被分解为一行一行的单词及相关信息，且最后一行附有一个"EOS"符号。具体说来，每个单词后面均带有词性、基本形、读音等信息，且每行数据后面均有一个看不见的换行符。

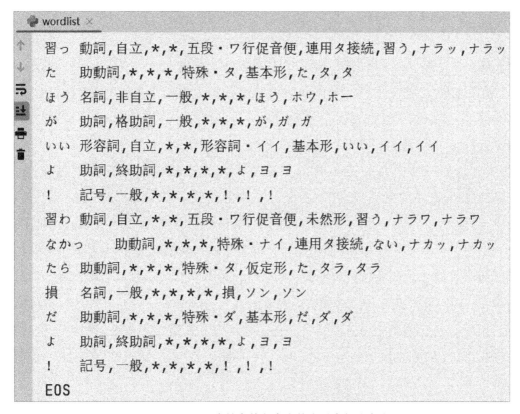

图 4-3 words 中储存的复杂字符串后半部分内容

第 9 行代码首先通过一个英文句号对 words 对象调用 strip() 方法，以此移除其储存的字符串头尾两端的空格，然后通过等号将处理结果赋值给变量 words，即 words 中储存的内容进行了更新。

第 10 行代码首先从 re 库中调用 split() 函数，以该函数第 1 个参数 '\n'（即换行符）为分隔符对第 2 个参数 words 中的字符串进行分隔，并将分隔出来的内容组成一个列表①,然后再通过等号将该列表赋值给变量 words,即 words 中储存的内容再次进行了更新。这里所说的列表不同于日常生活中的列表,而是 Python 常用数据类型之一。具体说来,列表是一种把某些元素(字符串等)按照特定顺序放在半角英文中括号([ ])中的有序序列,如["python", '23', "頑張る%88ch - - "]就是一个典型的列表。列表中的各个元素使用英文逗号进行分隔,且与字符串中的字符一样,每个列表元素也被分配了一个索引号(即序号,代表该元素在列表中的位置)。具体说来,第 1 个元素的索引号是 0②,第 2 个元素的索引号是 1,第 3 个元素的索引号是 2……依此类推。同样,列表中的元素索引号也可以通过倒数的方式来计数,即最后 1 个元素的索引号为 - 1,倒数第 2 个元素的索引号为 - 2,倒数第 3 个元素的索引号为 - 3……依此类推③。由此可知,split('\n', words)函数的真正意思是,以换行符为分隔符把 words 中的字符串分隔成多个元素,并将这些元素组成一个列表。在此需补充说明的是,该函数中的第 1 个参数'\n'在 Python 中一般被称为正则表达式。正则表达式可理解为一种特殊的字符串样式,可用于匹配符合该样式的字符串。譬如,'勉[強学]'这个正则表达式可匹配'勉強'和'勉学'这两个字符串,即'[強学]'这个部分可匹配'強'或'学'。正则表达式中经常会用到像'\n'、'[ ]'一样具有特殊匹配含义的字符,我们需对这些字符进行一定了解。日语文本数据处理中常用的特殊匹配含义字符如表 4-2 所示。

---

①由图 4-3 可知,words(即分词结果)中的每行数据最后都有一个看不见的换行符,所以调用 split('\n', words)函数后,每行数据都会被分隔开来。

②再次强调,列表中第 1 个元素的索引号是 0,而不是 1。

③我们需注意区分列表和另一种数据类型——元组。元组是一种与列表十分类似的有序序列,两者的主要区别在于:元组中的元素创建后不能修改,而列表元素可以修改;元组使用半角英文小括号(( ))进行标识和创建,而列表使用半角英文中括号([ ])。此外,还有一种与列表和元组较为类似但相对不常用的数据类型叫作集合。集合类似于数学里的集合,是一种元素不能重复的无序序列(即其中的元素无索引号,这与列表和元组大不相同),一般使用半角英文花括号({ })进行标识。

表 4-2　常用的特殊匹配含义字符

字符	含 义
.	匹配换行符之外的任意一个字符
^	匹配字符串开始位置
$	匹配字符串结束位置
\w	匹配任意一个字母、数字、中日文汉字、假名或下划线
\W	匹配任意一个非字母、数字、中日文汉字、假名和下划线
\s	匹配任意一个空白
\S	匹配任意一个非空白
\d	匹配任意一个数字
\D	匹配任意一个非数字
\n	匹配一个换行符
\t	匹配一个制表符（即按 Tab 键后所产生的一段 4 个字符长度的空白）
|	匹配该字符两边的字符
[…]	匹配包含在[]中的任意一个字符
[^…]	匹配[]中^后面所有字符之外的任意一个字符
[0-9]	匹配任意一个数字
[a-z]	匹配任意一个小写字母
[A-Z]	匹配任意一个大写字母
[あ-ん]	匹配任意一个平假名
[\u3040-\u309F]	匹配任意一个平假名
[ア-ン]	匹配任意一个片假名
[\u30A0-\u30FF]	匹配任意一个片假名
[\u4E00-\u9FFF]	匹配任意一个中日文汉字
*	匹配该字符前一个字符 0 次或多次
+	匹配该字符前一个字符 1 次或多次
?	匹配该字符前一个字符 0 次或 1 次
{m}	匹配该字符前一个字符 m 次
{m,n}	匹配该字符前一个字符 m 至 n 次

通过这些特殊匹配含义字符的排列组合便可生成十分丰富的正则表达式,从而匹配各种各样的字符串。正则表达式大多用于 re 库的函数当中,但有时也用于其他场合。

第 11 行代码把 words 列表中的第 1 个元素到倒数第二个元素提取出来构成一个新列表,并将其赋值给变量 words。由图 4-3 可知,第 10 行代码中获得的 words 列表最后 1 个元素是一个 EOS 符号,与接下来的词表制作完全无关,所以在此通过构建一个不含该元素的新列表的方式将其删除。具体说来,从列表中提取连续元素构成新列表的代码格式为:列表[起点元素索引号:终点元素索引号],和字符串一样,提取结果中不包括终点元素索引号所对应的终点元素。也就是说,words[0:-1]提取到的是 words 列表中第 1 个元素到倒数第二个元素的内容,而不包括索引号 -1 所对应的最后一个元素'EOS'。再如,若将列表["python", '23', "頑張る％88ch - -"]赋值给变量 testlist,则 testlist[0:2]提取到的是"python"和'23'这两个元素。另一方面,提取列表中单个元素的代码格式为:列表[目标元素索引号],因此 testlist[1]可提取的元素是'23'。

第 12 行代码通过 print( )函数把 words 列表打印出来查看(参考图 4-4 中的长方形标识区域)。

```
wordlist
C:\Users\Lenovo\AppData\Local\Programs\Python\Python37-32\python.exe D:\我的
['私\t名詞,代名詞,一般,*,*,*,私,ワタシ,ワタシ', 'は\t助詞,係助詞,*,*,*,*,は,ハ,ワ',

Process finished with exit code 0
```

图 4-4 words 列表前两个元素

图 4-4 中显示了该列表前两个元素,即'私\t 名詞,代名詞,一般,*,*,*,私,ワタシ,ワタシ'和'は\t 助詞,係助詞,*,*,*,*,は,ハ,ワ'。经观察可知,每个元素中的日语字符及 * 符号均由一个制表符(\t)和 8 个英文逗号(,)分隔开了。这有利于之后继续使用 split( )函数把每个元素都进一步分隔成列表,从而最终提取出每个单词的基本形。

第 13 行代码构建了一个不含任何元素的空列表,并把它赋值给变量 tokenslist。

第 14～16 行代码组成一个相对独立的代码块,将 words 列表中的每个元素进一步分隔成列表,并依次将这些列表作为最后一个元素添加到 tokenslist 列表当中。也就是说,tokenslist 列表中的元素也都是列表,即构成了一个嵌套列表。为了便于理解,我们先在此查看一下第 17 行代码中 print( ) 函数打印出来的 tokenslist 列表内容(参考图 4-5 中的长方形标识区域)。

```
wordlist
C:\Users\Lenovo\AppData\Local\Programs\Python\Python37-32\python.exe D
[['私', '名詞', '代名詞', '一般', '*', '*', '*', '私', 'ワタシ', 'ワタシ'],

Process finished with exit code 0
```

图 4-5　tokenslist 嵌套列表中的第 1 个元素

由图 4-5 可知,tokenslist 中的元素确实是列表,如第 1 个元素是['私','名詞','代名詞','一般','*','*','*','私','ワタシ','ワタシ']。现返回到第 14～16 行代码的解析。其中,第 14 行代码是一个 for 循环语句,其基本格式为:for 变量 in 列表等有序序列:。for 循环语句可依次读取(即遍历)列表等有序序列数据中的每个元素,每读取一个元素后立即将其赋值给语句中的变量,并自动运行一次该语句下面有缩进(即前面空了 4 个字符)的所有代码。也就是说,第 14 行代码依次读取 words 列表中的每个元素,每读取一个元素后立即将其赋值给变量 word,并自动运行一次有缩进的第 15～16 行代码。如此循环,直到 words 列表中的每个元素都被读取一次(遍历)之后再运行第 17 行代码①。第 15 行代码通过 split( ) 函数以制表符和英文逗号两者为分隔符②把当前 word 中的字符串(即所读取的 words 列表中的某个元素,参考图 4-4)分隔成多个元素,并将这些元素组成一个列表赋值给变量 item。第 16 行代码对事先构建好的 tokenslist 列表对象调用 append( ) 方法,将 item 列表作为

---

①在此需注意区分 for 循环语句与另一种名为 while 循环的语句。后者的基本格式为:while 条件:,只要语句中的条件成立,语句下方有缩进的代码就会一直反复运行。此外,for 循环语句一般都可以等效转换为 while 循环语句,反之则不一定。

②具体说来,该函数中的第 1 个参数'[\t,]'指定了分隔符可以是制表符(\t)或英文逗号(,)。也就是说,[\t,]所表达的意思是"制表符或英文逗号"。

最后一个元素添加到tokenslist当中。如此一来,当for循环语句运行结束之后,tokenslist列表就变成了图4-5中的嵌套结构。

第17行代码前面已解析过,即通过print()函数把tokenslist列表打印出来查看。

【第三步:从嵌套列表中提取日语单词列表】

在第二步当中,我们对日语语料进行了分词处理,并将分词数据整理成了一个嵌套列表(即tokenslist)。接下来需从该嵌套列表中提取出各日语单词的基本形,并组成一个单词列表。具体代码如下:

```
18  wordslist = []
19  for list in tokenslist:
20      if re.match('[\u3040-\u309F\u30A0-\u30FF\u4E00-\u9FFF]+', list[0]):
21          wordslist.append(list[7])
22  print(wordslist)
```

代码逐行解析:

第18行代码构建了一个空列表,并把它赋值给变量wordslist。

第19~21行代码是一个包含for循环语句的相对独立的代码块。其中,第19行代码依次读取tokenslist列表中的每个元素(类型为列表,参考图4-5),每读取一个元素后立即将其赋值给变量list,并自动运行一次有缩进的第20~21行代码(这两行代码构成相对独立的代码块)。第20行代码为一个if条件语句,其完整代码格式如下:

```
if 条件1:
    缩进代码
elif 条件2:
    缩进代码
else:
    缩进代码
```

其中,elif可以有多个,elif和else部分(含相关缩进代码)均可省略。使用if条件语句时,只要满足相关条件,则会自动运行条件下面有缩进的代码;如不满足相关条件,则不运行其下有缩进的代码。第20行代码中设置的if条件为:re.match('[\u3040-\u309F\u30A0-\u30FF\u4E00-\u9FFF]+', list[0])。该条件从re库中调用match()函数,尝试从list[0](函数中的第2个参数)起始位置开始匹配正则表达式'[\u3040-\u309F\u30A0-\u30FF\u4E00-\u9FFF]+'(函数中的第1个参数)。若匹配成功,则返回匹配结果,匹配不成功则返回None。其中,list[0]表示list列表中的第1个元素,即各单词未经还原的原始形态(参考图4-3和图4-5);正则表达式'[\u3040-\u309F\u30A0-\u30FF\u4E00-\u9FFF]+'则表示由平假名、片假名和汉字中的一种或多种字符构成的任意长度的日语字符串(参考表4-2)。若满足该if条件(即匹配成功),则说明list[0]是日语字符串,此时会运行一次有缩进的第21行代码,即对事先构建好的wordslist列表对象调用append()方法,将list列表中的第8个元素list[7](即各单词基本形所在位置,参考图4-3和图4-5)作为最后一个元素添加到wordslist当中;若不满足条件(即匹配不成功),则说明list[0]不是日语字符串,而是标点符号、数字或英文字母等,此时不运行第21行代码。这样一来,当for循环语句运行结束之后,wordslist列表就以元素的形式包含了所有日语单词的基本形,且不掺杂任何标点符号、数字或英文字母。

第22行代码通过print()函数把wordslist列表打印出来,具体打印结果为:['私','は','今日','から','を','習う','始める','一緒','に','ならう','ない','の','か','習う','た','ほう','が','いい','よ','習う','ない','た','損','だ','よ']。

【第四步:对日语单词列表进行词频统计并将结果存入Excel表格】

在第三步当中,我们成功提取到了一个包含所有日语单词基本形的列表(即wordslist)。接下来就可以对该列表进行词频统计,并将统计结果保存到本地Excel表格当中。具体代码如下:

```
23  from nltk import FreqDist
24  import pandas as pd
25  wordfreqdic = FreqDist(wordslist)
26  dfdata = {"单词":[], "频次":[]}
27  wordfreqdf = pd.DataFrame(dfdata)
28  i = 1
29  for word in wordfreqdic:
30      wordfreqdf.loc[i] = [word, wordfreqdic[word]]
31      i = i + 1
```

```
32    print(wordfreqdf)
33    wordfreqdf.to_excel(r'wordfrequencytable.xlsx', index = False)
```

代码逐行解析：

第23行代码使用"from 库 import 函数"的代码形式把第三方库 nltk 中的 FreqDist( )函数导入到当前 PyCharm 项目中,以供后续代码使用①。利用该函数可以十分方便地统计列表中不同元素的频次信息。

第24行代码使用"import 库 as 名称"的代码形式把第三方库 pandas 以 pd 的名称导入当前 PyCharm 项目中,以供后续使用。

第25行代码调用 FreqDist( )函数统计 wordslist 列表(作为 FreqDist( )函数的参数)中不同单词的频次信息,并将各单词及其对应频次转化成一个可用 for 循环语句读取的字典赋值给变量 wordfreqdic②。字典是 Python 常用数据类型之一,类似于日常生活中的词典。字典中的具体内容为用半角冒号将"键"和"值"隔开的一个个键值对,不同键值对之间则用英文逗号隔开,且所有键值对都包含在一个半角花括号({})当中。例如,{"name"："Mary", "age"：28, "gender"："female"}就是一个字典,其中的"name""age"和"gender"是键,"Mary"、28 和"female"则是各个键所对应的值。需要说明的是,该字典中出现的 28 是一种名为"数值"的新 Python 数据类型。数值就是我们日常生活中所说的数字,包括整体和小数(又叫浮点数)。数值两边不加引号,以此区别于字符串。也就是说,28 是一个数值,而"28"则是一个字符串。读取字典中的值的基本方式为:字典[值所对应的键名]。若把字典{"name"："Mary", "age"：28, "gender"："female"}赋值给变量 dic,则 dic["name"]读取的是"Mary",依此类推。最后需要说明的是,字典中的键必须是不可改变的数据类型(如字符串、数值等)③,且不能在同一个字典中重复使用某个键,如果一个键被赋值多次,只有最后一个值会被保留在此键当中。第25行代码所构建的字典 wordfreqdic 中的键全部由

---

①该行代码其实也可以像上面一样写成 import nltk。但如此更改之后,第25行代码需同步修改为 wordfreqdic = nltk.FreqDist(wordslist)。

②严格说来,这里的 wordfreqdic 并不是一个字典,而是一个继承字典的 FreqDist 对象。但为了方便起见,本书将 FreqDist 对象全部当作一种特殊的字典。

③由于列表中的元素可以随时改变,所以列表不能作为字典中的键。

不同单词充当,其值为相关单词对应的频次。也就是说,我们可用"wordfreqdic["单词"]"的形式来读取相关单词的频次信息。

第 26 行代码创建了一个字典,并将其赋值给变量 dfdata。该字典中包含两个键("单词"和"频次"),其对应的值都是一个空列表。

第 27 行代码通过一个英文句号从 pd 库中调用 DataFrame( )函数,该函数以 dfdata 字典为参数创建了一个数据框,并将其赋值给变量 wordfreqdf。数据框也是 Python 常用的数据结构,相当于一个具有列名和行号的较为直观易懂的 Excel 表格。此时的 wordfreqdf 数据框中只有两个列名(即来源于 dfdata 字典中的两个键——"单词"和"频次"),而没有具体数据(因为 dfdata 字典中两个键所对应的值都是空列表)。

第 28 行代码把数值 1 赋值给变量 i。

第 29~31 行代码是一个包含 for 循环语句的相对独立的代码块。其中,第 29 行代码依次读取 wordfreqdic 字典中的每个键(即不同的单词),每读取一个键后立即将其赋值给变量 word,并自动运行一次有缩进的第 30~31 行代码。第 30 行代码等号右边为一个列表,该列表中含有两个元素,第 1 个元素为当前 word 中的键(即单词),第 2 个元素为该键对应的值(即频次)。等号左边则通过 wordfreqdf 数据框的 loc 属性定位到第 i 行数据。整行代码的意思是,将等号右边列表中的两个元素赋值给(即当作)wordfreqdf 数据框的第 i 行数据,即将列表中的第 1 个元素(单词)写入数据框第 i 行的"单词"列当中,而将第 2 个元素(频次)写入数据框第 i 行的"频次"列当中。然后,第 31 行代码将变量 i 加 1 之后重新赋值给变量 i,即每运行一次代码,i 的值就会增加 1。由于在第 28 行代码中,我们事先已把 i 的起始值设置为 1,所以在 for 循环语句运行时,i 的值会从 1 开始以每次增加 1 的速度不断地更新下去,直至循环结束。如此一来,第 30 行代码中的 loc[i]则会从 loc[1]依次变成 loc[2]、loc[3]……也就是说,通过反复运行第 30 行代码,我们就依次把 wordfreqdic 字典中的每个键值对作为 wordfreqdf 数据框的第 1 行、第 2 行、第 3 行数据添加进去了。

第 32 行代码通过 print( )函数把 wordfreqdf 数据框打印出来查看(参考图 4-6)。

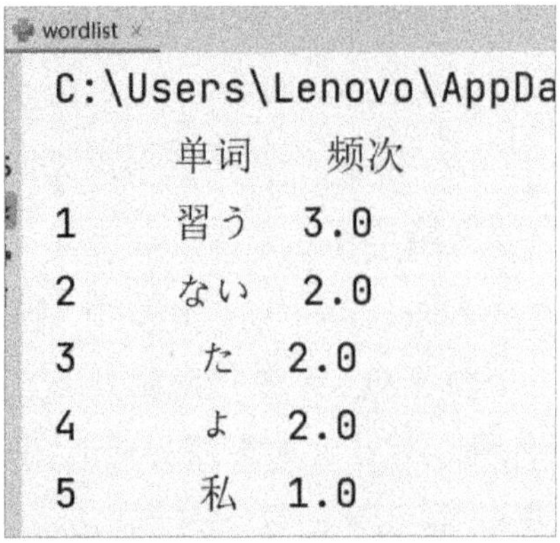

	单词	频次
1	習う	3.0
2	ない	2.0
3	た	2.0
4	よ	2.0
5	私	1.0

图 4-6　wordfreqdf 数据框部分数据

第 33 行代码通过英文句号对数据框对象 wordfreqdf 调用 to_excel( ) 方法，从而将其转化为本地 Excel 表格。to_excel( ) 方法中包含 2 个参数，第 1 个参数指定了 Excel 表格的名称，同时也指明了表格保存地点为当前工作目录，即当前运行的 Python 文件所在的目录；第 2 个参数 index 的值为 False，表示不把数据框行号写入 Excel 表格①。代码运行结束后，可在当前工作目录中找到一个名为“wordfrequencytable. xlsx”的词表，其具体内容如图 4-7 所示。

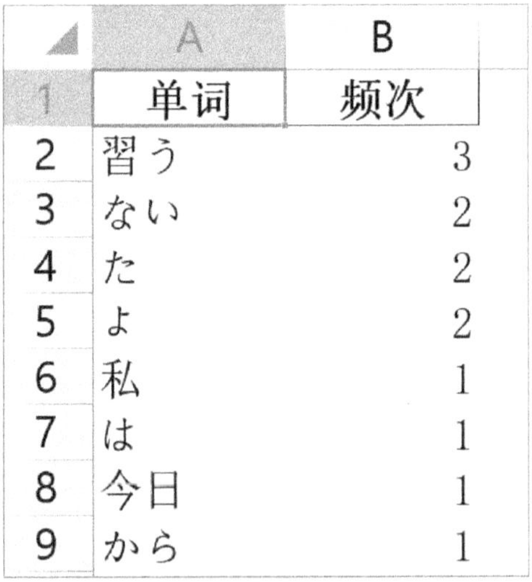

	A	B
1	单词	频次
2	習う	3
3	ない	2
4	た	2
5	よ	2
6	私	1
7	は	1
8	今日	1
9	から	1

图 4-7　词表内容

①若 index = True，表示会把数据框的所有行号也写入 Excel 表格。

4.2.3 完整代码

至此,我们使用Python编程实现了基于IPA词典的日语词表制作技术。接下来,在此总结一个入门版完整代码(即以上分步代码的简单合并)以及一个更为简洁但相对难懂的进阶版完整代码:

入门版:

```
#【第一步:读取单个文本中的日语语料】①
1    with open(r"C:\Users\Lenovo\Desktop\单个文本数据.txt", encoding="utf-8") as txtfile:
2        textdata = txtfile.read()
3    print(textdata)
#【第二步:对日语语料进行分词处理并整理成嵌套列表】
4    import MeCab
5    import re
6    tokenizer = MeCab.Tagger()
7    words = tokenizer.parse(textdata)
8    print(words)
9    words = words.strip()
10   words = re.split('\n', words)
11   words = words[0:-1]
12   print(words)
13   tokenslist = []
14   for word in words:
15       item = re.split('[ \t,]', word)
16       tokenslist.append(item)
17   print(tokenslist)
#【第三步:从嵌套列表中提取日语单词列表】
18   wordslist = []
19   for list in tokenslist:
20       if re.match('[\u3040-\u309F\u30A0-\u30FF\u4E00-\u9FFF]+', list[0]):
21           wordslist.append(list[7])
22   print(wordslist)
```

---

① Python编程中会使用#符号在代码段上面或代码行后面添加一些注释性内容。运行代码时,前面带有#符号的注释性内容不会运行,即这些内容不算代码的组成部分。

```python
#【第四步：对日语单词列表进行词频统计并将结果存入 Excel 表格】
23  from nltk import FreqDist
24  import pandas as pd
25  wordfreqdic = FreqDist(wordslist)
26  dfdata = {"单词":[], "频次":[]}
27  wordfreqdf = pd.DataFrame(dfdata)
28  i = 1
29  for word in wordfreqdic:
30      wordfreqdf.loc[i] = [word, wordfreqdic[word]]
31      i = i + 1
32  print(wordfreqdf)
33  wordfreqdf.to_excel(r'wordfrequencytable.xlsx', index=False)
```

进阶版：

```
1   import MeCab
2   import re
3   from nltk import FreqDist
4   import pandas as pd
5   with open(r"C:\Users\Lenovo\Desktop\单个文本数据.txt", encoding="utf-8") as txtfile:
6       textdata = txtfile.read()
7   tokenizer = MeCab.Tagger()
8   words = re.split('\n', tokenizer.parse(textdata).strip())[0:-1]
9   tokenslist = [re.split('[\t,]', word) for word in words]
10  wordslist = [list[7] for list in tokenslist if re.match('[\u3040-\u309F\u30A0-\u30FF\u4E00-\u9FFF]+', list[0])]
11  wordfreqdic = FreqDist(wordslist)
12  wordfreqdf = pd.DataFrame({"单词":[], "频次":[]})
13  i = 1
14  for word in wordfreqdic:
15      wordfreqdf.loc[i] = [word, wordfreqdic[word]]
16      i += 1
17  wordfreqdf.to_excel(r'wordfrequencytable.xlsx', index=False)
```

以上进阶版完整代码对入门版部分代码进行了整合、移动和删除，但两者为等价代码，运行效果完全一致。大家可通过对比两者异同来进一步提升编程能力。

4.3 基于 UniDic 词典的词表制作编程实现

4.3.1 所用语料与编程步骤

所用语料为一个位于电脑桌面的名为"语料库数据"的微型语料库,其绝对路径为"C:\Users\Lenovo\Desktop\语料库数据"。该语料库中包含3个写有日语文章的纯文本文件(参考图4-8右侧长方形标识区域)。

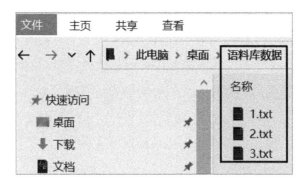

图 4-8 语料库数据明细

然后,编程时的主要步骤如下:

第一步:读取语料库中的日语语料;
第二步:对日语语料进行分词处理并整理成嵌套列表;
第三步:从嵌套列表中提取日语单词列表;
第四步:对日语单词列表进行词频统计并将结果存入 Excel 表格。

4.3.2 分步代码

【第一步:读取语料库中的日语语料】

日语文本数据是制作日语词表的原材料,所以编程的第一步为读取目标语料库中的全部日语语料数据,具体代码如下:

```
1   from nltk.corpus import PlaintextCorpusReader
2   corpus_root = r'C:\Users\Lenovo\Desktop\语料库数据'
3   corpus = PlaintextCorpusReader(corpus_root, '.*')
```

```
4    filenameslist = corpus.fileids()
5    textdata = corpus.words(filenameslist)
6    textdata = ''.join(textdata)
7    print(textdata)
```

代码逐行解析：

第1行代码使用"from 库中工具 import 函数"的代码形式把第三方库 nltk 中 corpus 工具的 PlaintextCorpusReader( ) 函数导入到当前 PyCharm 项目中，以供后续代码使用。

第2行代码把需读取的目标语料库的绝对路径赋值给变量 corpus_root。

第3行代码通过 PlaintextCorpusReader( ) 函数读取目标语料库中的所有文件，并把这些文件组成一个语料库赋值给变量 corpus。具体说来，PlaintextCorpusReader( ) 函数附带两个参数，第1个参数指定了目标语料库的绝对路径，第2个参数指定了目标语料库中需读取的目标文件名称(此处使用一个正则表达式(.*)指定了任意文件名称(参考表4-2)，即读取目标语料库中的所有文件)。

第4行代码对 corpus 对象调用 fileids( ) 方法，以此读取 corpus 中所有文件的名称，并把这些文件名称组成一个列表赋值给变量 filenameslist。

第5行代码调用 corpus 对象的 words( ) 方法对 filenameslist(作为 words( ) 方法的参数)列表中的文件内容(即文件中的日语语料)进行分词处理，并把分解出来的单词组成一个列表赋值给变量 textdata。需补充说明的是，words( ) 方法是一种专门针对英文的分词方法，即会以空白和标点符号作为分隔符进行分词。所以此处分词处理并不是为了对日语语料进行准确分词，而是为了较为便捷地一次性读取目标语料库所有文件中的日语语料。

第6行代码调用了 join( ) 方法，使用一个空字符串(即英文句号前面的'')把作为 join( ) 方法参数的 textdata 列表中的所有元素连成一个字符串，并将其再次赋值给变量 textdata，即 textdata 的内容进行了更新。至此，我们把目标语料库中的所有日语语料读取到了字符串 textdata 当中。

第7行代码使用 print( ) 函数把 textdata 字符串的具体内容打印出来查看。

【第二步:对日语语料进行分词处理并整理成嵌套列表】

在第一步当中,我们成功读取了目标语料库中的所有日语语料数据,并将其以一个字符串的形式储存在变量 textdata 当中。接下来就可以对该字符串进行分词处理和数据整理,具体代码如下:

```
8    import MeCab
9    import re
10   tokenizer = MeCab.Tagger(r" - d D:\我的科研\我的语料库和词汇表\unidic - cwj - 3.1.1")
11   words = tokenizer.parse(textdata)
12   print(words)
13   words = words.strip()
14   words = re.split('\n', words)
15   words = words[0:-1]
16   print(words)
17   tokenslist = []
18   for word in words:
19       item = re.split('[\t,]', word)
20       tokenslist.append(item)
21   print(tokenslist)
```

代码逐行解析:

第 8 行代码使用"import 库"的代码形式把第三方库 MeCab 导入当前 PyCharm 项目中,以供后续代码使用。

第 9 行代码使用"import 库"的代码形式把标准库 re 导入当前 PyCharm 项目中,以供后续代码使用。

第 10 行代码从 MeCab 库中调用 Tagger() 函数设置一个分词器,并将其赋值给变量 tokenizer,即此时的 tokenizer 相当于分词器本身。Tagger() 函数中输入了一个参数" - d D:\我的科研\我的语料库和词汇表\unidic - cwj - 3.1.1",以此指定了分词时所用的分词词典(即 UniDic 词典),该参数的基本格式为:" - d 分词词典绝对路径",且一般在前面加上一个 r,以防因字符转义而导致路径错误。

第 11 行代码通过调用 tokenizer 对象的 parse() 方法对 textdata(作为 parse() 方法的参数)中的字符串进行分词处理,并把分词结果(一个复杂字符串)赋值给变量

words。

第 12 行代码则通过 print( ) 函数把 words 中储存的复杂字符串打印出来查看(参考图 4-9)。

```
wordlist
が	助詞,格助詞,,,,,ガ,が,が,ガ,が,ガ,和,"","","","","","",格助,ガ,ガ,ガ,
泣い	動詞,一般,,,五段-カ行,連用形-イ音便,ナク,泣く,泣い,ナイ,泣く,ナク,和,"","
て	助詞,接続助詞,,,,,テ,て,て,テ,て,テ,和,"","","","","","",接助,テ,テ,テ
いる	動詞,非自立可能,,,上一段-ア行,終止形-一般,イル,居る,いる,イル,いる,イル,和
。	補助記号,句点,,,,,,。,。,,。,,記号,"","","","","","",補助,,,,,"","",
山	名詞,普通名詞,一般,,,,ヤマ,山,山,ヤマ,山,ヤマ,和,"","","","","","B1WB2
が	助詞,格助詞,,,,,ガ,が,が,ガ,が,ガ,和,"","","","","","",格助,ガ,ガ,ガ,
泣い	動詞,一般,,,五段-カ行,連用形-イ音便,ナク,泣く,泣い,ナイ,泣く,ナク,和,"","
て	助詞,接続助詞,,,,,テ,て,て,テ,て,テ,和,"","","","","","",接助,テ,テ,テ
いる	動詞,非自立可能,,,上一段-ア行,終止形-一般,イル,居る,いる,イル,いる,イル,和
```

图 4-9 words 中储存的复杂字符串部分内容

第 13 行代码对 words 对象调用 strip( ) 方法移除其储存的字符串头尾两端的空格,并将处理结果赋值给变量 words,即 words 中储存的内容进行了更新。

第 14 行代码从 re 库中调用 split( ) 函数,以换行符(\n) 为分隔符把 words 中的字符串分隔成多个元素(参考图 4-9),并将这些元素组成一个列表赋值给变量 words,即 words 中的内容再次进行了更新。

第 15 行代码把 words 列表中的第 1 个元素到倒数第 2 个元素提取出来构成一个新列表,并将其赋值给变量 words,以此删除位于列表最后的"EOS"元素。

第 16 行代码通过 print( ) 函数把最终的 words 列表打印出来查看(参考图 4-10)。

```
wordlist
C:\Users\Lenovo\AppData\Local\Programs\Python\Python37-32\python.exe D:\我的科研\
 基于Python的日语数字人文\技术编程\wordlist.py
['地球\t名詞,普通名詞,一般,,,,チキュウ,地球,地球,チキュー,地球,チキュー,漢,"","","","","",
"",体,チキュウ,チキュウ,チキュウ,チキュウ,"0","C2","",6448094564721152,23458', 'の\t助
詞,格助詞,,,,,ノ,の,の,ノ,の,ノ,和,"","","","","","",格助,ノ,ノ,ノ,ノ,"","名詞
%F1","",7968444268028416,28989', '悲鳴\t名詞,普通名詞,一般,,,,ヒメイ,悲鳴,悲鳴,ヒメー,
悲鳴,ヒメー,漢,"","","","","","",体,ヒメイ,ヒメイ,ヒメイ,ヒメイ,"0","C2","",
8703467791196672,31663', 'が\t助詞,格助詞,,,,,ガ,が,が,ガ,が,ガ,和,"","","","","",
```

图 4-10 words 列表中的部分元素

经观察可知,每个列表元素(由单引号引起来的部分)中的日语字符、空字符、数值等均由一个制表符(\t)和许多英文逗号(,)分隔开。这有利于我们之后使用split()函数把每个元素进一步分隔成列表,从而最终提取出每个单词的词汇素。

第17行代码构建了一个不含任何元素的空列表,并将其赋值给变量tokenslist。

第18~20行代码组成一个相对独立的代码块,将words列表中的每个元素进一步分隔成列表,并依次把这些列表作为最后一个元素添加到tokenslist列表当中。具体说来,第18行代码是一个for循环语句,该语句依次读取words列表中的各个元素(类型为字符串),每读取一个元素后立即将其赋值给变量word,并自动运行一次有缩进的第19~20行代码。第19行代码调用re库中的split()函数,以制表符(\t)和英文逗号(,)两者为分隔符把当前word中的字符串(参考图4-10)分隔成多个元素,并将由这些元素组成的列表赋值给变量item。第20行代码对事先构建好的tokenslist列表对象调用append()方法,将item列表作为最后一个元素添加到tokenslist列表当中。

第21行代码通过print()函数把tokenslist列表打印出来查看。

【第三步:从嵌套列表中提取日语单词列表】

在第二步当中,我们对日语语料进行了分词处理,并将分词结果整理成了一个嵌套列表(即tokenslist)。接下来需从该嵌套列表中提取出各日语单词的词汇素,并组成一个单词列表。具体代码如下:

```
22    wordslist = []
23    for list in tokenslist:
24        if re.match('[\u3040-\u309F\u30A0-\u30FF\u4E00-\u9FFF]+
', list[0]) and len(list) >= 9:
25            wordslist.append(list[8])
26    print(wordslist)
```

代码逐行解析:

第22行代码构建了一个空列表,并把它赋值给变量wordslist。

第23~25行代码是一个包含for循环语句的相对独立的代码块。其中,第23行代码依次读取tokenslist列表中的各个元素(类型为列表),每读取一个元素后立即将其赋值给变量list,并自动运行一次有缩进的第24~25行代码(这两行代码构成相对独立的代码块)。第 24 行代码设置了两个用 and(意思为"且")连接起来的 if 条件：(1) re.match('[\u3040-\u309F\u30A0-\u30FF\u4E00-\u9FFF]+', list[0])、(2) len(list) >= 9。其中，第 1 个条件调用 re 库的 match() 函数，尝试从 list[0](第 2 个参数)起始位置开始匹配正则表达式 '[\u3040-\u309F\u30A0-\u30FF\u4E00-\u9FFF]+'(第 1 个参数)，若匹配成功，则返回匹配结果，匹配不成功则返回 None。这里的 list[0] 表示 list 列表中的第 1 个元素(即各单词还原为词汇素之前的原始形态，参考图 4-9 和图 4-10)，正则表达式则可匹配任意长度的日语字符串(参考表 4-2)。第 2 个条件调用 len() 函数测量当前 list 列表的长度(即列表中的元素个数)，并要求该长度大于或等于 9，以此确保第 25 行代码中 list[8] 元素(即相关单词的词汇素，参考图 4-9 和图 4-10)的存在①。若同时满足这两个条件，则说明 list[0] 是日语字符串，且当前 list 列表的长度大于或等于 9，此时会自动运行一次有缩进的第 25 行代码，即对事先构建好的 wordslist 列表对象调用 append() 方法，将当前 list 列表中的第 9 个元素(词汇素)作为最后一个元素添加到 wordslist 当中；若不同时满足两个条件，则不运行第 25 行代码。这样一来，当 for 循环语句运行结束之后，wordslist 列表就以元素的形式包含了所有日语单词的词汇素，且不掺杂任何标点符号、数字或英文字母。

第 26 行代码通过 print() 函数把 wordslist 列表打印出来查看。

【第四步：对日语单词列表进行词频统计并将结果存入 Excel 表格】

该步与"4.2 基于 IPA 词典的词表制作编程实现"的第四步完全相同，不再赘述。

4.3.3 完整代码

入门版：

#【第一步：读取语料库中的日语语料】
1   from nltk.corpus import PlaintextCorpusReader

---

① 我们在实践中发现，偶尔会出现 list 列表长度小于 9 的情况，即 list[8] 元素(相关单词的词汇素)不存在的情况，从而导致第 25 行代码无法正常运行，所以代码中才加上了第 2 个条件。

```
2   corpus_root = r'C:\Users\Lenovo\Desktop\语料库数据'
3   corpus = PlaintextCorpusReader(corpus_root,'.*')
4   filenameslist = corpus.fileids()
5   textdata = corpus.words(filenameslist)
6   textdata = ''.join(textdata)
7   print(textdata)
```
#【第二步:对日语语料进行分词处理并整理成嵌套列表】
```
8   import MeCab
9   import re
10  tokenizer = MeCab.Tagger(r"-d D:\我的科研\我的语料库和词汇表\unidic-cwj-3.1.1")
11  words = tokenizer.parse(textdata)
12  print(words)
13  words = words.strip()
14  words = re.split('\n', words)
15  words = words[0:-1]
16  print(words)
17  tokenslist = []
18  for word in words:
19      item = re.split('[\t,]', word)
20      tokenslist.append(item)
21  print(tokenslist)
```
#【第三步:从嵌套列表中提取日语单词列表】
```
22  wordslist = []
23  for list in tokenslist:
24      if re.match('[\u3040-\u309F\u30A0-\u30FF\u4E00-\u9FFF]+', list[0]) and len(list) >= 9:
25          wordslist.append(list[8])
26  print(wordslist)
```
#【第四步:对日语单词列表进行词频统计并将结果存入 Excel 表格】
```
27  from nltk import FreqDist
28  import pandas as pd
29  wordfreqdic = FreqDist(wordslist)
30  dfdata = {"单词":[], "频次":[]}
31  wordfreqdf = pd.DataFrame(dfdata)
32  i = 1
33  for word in wordfreqdic:
34      wordfreqdf.loc[i] = [word, wordfreqdic[word]]
35      i = i + 1
```

```
36  print(wordfreqdf)
37  wordfreqdf.to_excel(r'wordfrequencytable.xlsx', index = False)
```

进阶版：

```
1   from nltk.corpus import PlaintextCorpusReader
2   import MeCab
3   import re
4   from nltk import FreqDist
5   import pandas as pd
6   corpus = PlaintextCorpusReader(r'C:\Users\Lenovo\Desktop\语料库数据', '.*')
7   textdata = '.join(corpus.words(corpus.fileids()))
8   tokenizer = MeCab.Tagger(r" -d D:\我的科研\我的语料库和词汇表\unidic-cwj-3.1.1")
9   words = re.split('\n', tokenizer.parse(textdata).strip())[0: -1]
10  tokenslist = [re.split('[\t,]', word) for word in words]
11  wordslist = [list[8] for list in tokenslist if re.match('[\u3040-\u309F\u30A0-\u30FF\u4E00-\u9FFF]+', list[0]) and len(list) >= 9]
12  wordfreqdic = FreqDist(wordslist)
13  wordfreqdf = pd.DataFrame({"单词":[], "频次":[]})
14  i = 1
15  for word in wordfreqdic:
16      wordfreqdf.loc[i] = [word, wordfreqdic[word]]
17      i += 1
18  wordfreqdf.to_excel(r'wordfrequencytable.xlsx', index = False)
```

参考文献

管新潮, 2018. 语料库与 Python 应用[M]. 上海：上海交通大学出版社.

管新潮, 2021. Python 语言数据分析[M]. 上海：上海交通大学出版社.

管新潮, 陆晓蕾, 2022. 基于 Python 的语料库翻译：数据分析与理论探索[M]. 上海：上海交通大学出版社.

雷蕾, 2020. 基于 Python 的语料库数据处理[M]. 北京：科学出版社.

梁茂成, 2016. 什么是语料库语言学[M]. 上海：上海外语教育出版社.

梁茂成，李文中，许家金，2010. 语料库应用教程［M］. 北京：外语教学与研究出版社.

施雅倩，雷蕾，2020. 英语口语通用词表开发探析［J］. 中国 ESP 研究（4）：43－52.

第五章

日语 N 元分析技术

5.1 技术概要与编程提示

N元(N-gram)一般指文本中连续 n 个词(或其他单位)构成的序列(梁茂成,2016)。其中,N 的值可以是 1,此时就是 1 个词(该情况往往不纳入研究范围);N 还可以是 2、3、4、5 等,此时构成多词序列,依次称为 2 元序列、3 元序列、4 元序列、5 元序列等。在实施 N 元分析时,需注意 2 元及以上序列的计算方法。如计算 2 元序列时,我们从第 1 个词算起,第 1~2 个词为第 1 个 2 元序列,第 2~3 个词为第 2 个 2 元序列,第 3~4 个词为第 3 个 2 元序列,依此类推,一直计算到最后。计算 3 元序列时,从第 1 个词开始算起,第 1~3 个词为第 1 个 3 元序列,第 2~4 个词为第 2 个 3 元序列,第 3~5 个词为第 3 个 3 元序列,依此类推,一直计算到最后。计算 4 元序列、5 元序列等也都采用这种方法。譬如,对于句子"私は今からそこへ行く"来说,可提取出来的 2 元序列为"私は""は今""今から""からそこ""そこへ""へ行く",所包含的 3 元序列则为"私は今""は今から""今からそこ""からそこへ""そこへ行く"。N 元分析是语料库语言学研究领域的热点问题之一(蔺志渊,2013),因为心理学、心理语言学、神经语言学和二语习得等领域的研究结果表明,母语者之所以能够准确、流利地说出较为复杂的语句,并非因为其心理词库中储存了大量孤立的单词,而是因为其大脑中储存了大量多词序列,他们往往整块提取预先存放的多词序列,以此把更多认知资源用于内容整合、句法加工等方面(梁茂成 等,2010)。

通过 Python 编程可以十分便捷地完成日语语料的 N 元分析。下一小节详细介绍一个基于语料库与 UniDic 词典的日语 3 元序列分析编程案例(其他多词序列的分析参照该案例修改即可)。开始编程前,需事先安装好 MeCab 软件、UniDic 词典以及 mecab、nltk、pandas、openpyxl 等第三方库。

5.2 三元序列分析编程实现

5.2.1 所用语料与编程步骤

所用语料为"4.3 基于 UniDic 词典的词表制作编程实现"中使用的微型语料库,库中包含 3 个写有日语文章的纯文本文件,其绝对路径为"C:\Users\Lenovo\Desktop\语料库数据"。然后,编程时的主要步骤如下:

第一步:读取语料库中的日语语料;
第二步:对日语语料进行分词处理并整理成嵌套列表;
第三步:从嵌套列表中提取字符列表;
第四步:基于字符列表创建 3 元序列列表;
第五步:对 3 元序列列表进行频次统计并将结果存入 Excel 表格。

5.2.2 分步代码

【第一步:读取语料库中的日语语料】

该步与"4.3 基于 UniDic 词典的词表制作编程实现"的第一步完全相同,不再赘述。

【第二步:对日语语料进行分词处理并整理成嵌套列表】

该步与"4.3 基于 UniDic 词典的词表制作编程实现"的第二步完全相同,不再赘述。

【第三步:从嵌套列表中提取字符列表】

到第二步为止,我们已通过 21 行代码完成日语语料分词处理,并将分词结果整理成了一个嵌套列表(即 tokenslist)。接下来需从该嵌套列表中提取出各日语单词的词汇素及标点符号等其他字符,并组成一个列表。具体代码如下:

```
22  wordslist = []
```

```
23   for list in tokenslist:
24       if len(list) >= 9:
25           wordslist.append(list[8])
26   print(wordslist)
```

代码逐行解析:

第22行代码构建了一个空列表,并把它赋值给变量 wordslist。

第23~25行代码是一个包含for循环语句的相对独立的代码块。其中,第23行代码为for循环语句,该语句依次读取tokenslist列表中的各个元素(类型为列表),每读取一个元素后立即将其赋值给变量list,并自动运行一次有缩进的第24~25行代码。第24行代码设置了一个if条件:len(list) >= 9,该条件调用len()函数测量当前list列表的长度(即列表中的元素个数),并要求该长度大于或等于9,以此确保第25行代码中list[8](即list列表中的第9个元素)的存在。若满足该条件,则会自动运行有缩进的第25行代码,即对事先构建好的wordslist列表调用append()方法,将list列表中的第9个元素(即词汇素所在位置)作为最后一个元素添加到wordslist当中;若不满足该条件,则不运行第25行代码。这样一来,当第23行代码中的for循环语句运行结束之后,wordslist列表就以元素的形式包含了所有日语单词的词汇素以及标点符号等其他字符。

第26行代码通过print()函数把wordslist列表打印出来查看。

【第四步:基于字符列表创建3元序列列表】

在第三步当中,我们成功获得一个由日语单词词汇素、标点符号等各种字符组成的字符列表(即wordslist)。接下来,我们可以从该列表当中提取出所有3元序列,并将其作为元素组成一个新列表。具体代码如下:

```
27   trigram = []
28   for i in range(len(wordslist) - 2):
29       trituple = (wordslist[i], wordslist[i + 1], wordslist[i + 2])
30       trigram.append(trituple)
31   print(trigram)
32   finaltrigram = []
33   for gram in trigram:
34       if re.match('\w', gram[0]) and re.match('\w', gram[1]) and
```

```
          re.match('\w', gram[2]):
35              finaltrigram.append(gram)
36    print(finaltrigram)
```

代码逐行解析：

第 27 行代码构建了一个空列表，并将其赋值给变量 trigram。

第 28～30 行代码是一个包含 for 循环语句的相对独立的代码块。具体说来，第 28 行代码中使用了一个 range() 函数，在该函数中输入一个数值型参数 i 时，可生成 0 到 i-1 的整数，并可通过 for 循环语句依次读取这些整数。当前代码中 range() 函数的参数为"len(wordslist) - 2"，即 wordslist 列表的长度减去 2 之后的数值，也就是该列表倒数第 2 个元素的索引号，所以整个 range(len(wordslist) - 2) 函数可生成 wordslist 列表第 1 个元素的索引号（即 0）到 wordslist 列表倒数第 3 个元素的索引号。第 28 行代码的整体意思则是，依次读取 wordslist 列表第 1 个元素到倒数第 3 个元素的索引号，每读取一个索引号后立即将其赋值给变量 i，并自动运行一次有缩进的第 29～30 行代码。第 29 行代码等号右边为一个使用()括起来的元组，该元组中的元素正好是 wordslist 列表中的 3 个连续元素，即 wordslist 列表中索引号为 i、i+1 和 i+2 的 3 个元素。譬如，当索引号 i 的值为 0 时，元组中的元素分别为 wordslist[0]、wordslist[1] 和 wordslist[2]；而当 i 变成下一个索引号 1 时，元组中的 3 个元素则相应地变为 wordslist[1]、wordslist[2] 和 wordslist[3]。如此一来，随着索引号 i 的数值不断增大，则可通过元组的形式依次获得 wordslist 列表中的所有 3 元序列，并将这些 3 元序列元组依次赋值给第 29 行代码等号左边的变量 trituple。第 30 行代码对事先构建好的 trigram 列表调用 append() 方法，将当前 trituple 中的元组作为最后一个元素添加到 trigram 当中。最终，当第 28～30 行代码运行结束之后，trigram 列表中就以元素的形式储存了所有 3 元序列元组。

第 31 行代码通过 print() 函数把 trigram 列表打印出来查看（见图 5-1）。

```
Ngram ×

('居る', '。', '山'), ('。', '山', 'が'), ('山', 'が', '泣く'),
```

图 5-1　trigram 列表中的部分元素

不难发现,有些3元序列元组中还含有标点符号等元素,从而导致其不是真正的3元序列,需实施过滤处理①。

第32行代码构建了一个空列表,并把它赋值给变量finaltrigram。

第33~35行代码是另一个包含for循环语句的相对独立的代码块。其中,第33行代码依次读取trigram列表中的各个元素(类型为3元序列元组),每读取一个元素后立即将其赋值给变量gram,并自动运行一次有缩进的第34~35行代码。第34行代码设置了3个用and连接起来的if条件:(1) re.match('\w', gram[0])、(2) re.match('\w', gram[1])、(3) re.match('\w', gram[2])。这些条件从re库中调用match()函数,使用正则表达式'\w'从起始位置开始匹配gram[0]、gram[1]、gram[2]元素中的字符。由于'\w'可匹配任意一个字母、数字、中日文汉字、假名或下划线,而不能匹配各种符号,所以同时满足这3个条件(即全部匹配成功)则能确保当前3元序列元组gram中的第1、2、3个元素均不是某种符号。当第34行代码中的所有条件得到满足时,将自动运行有缩进的第35行代码,即对事先构建好的finaltrigram列表调用append()方法,将当前gram中的3元序列元组作为最后一个元素添加到finaltrigram当中。这样一来,当第33行代码中的for循环语句运行结束之后,我们就成功过滤掉了trigram中所有包含某种符号的不合格3元序列元组,同时finaltrigram列表中就储存了trigram列表中的所有合格3元序列元组。

第36行代码通过print()函数把finaltrigram列表打印出来查看。

【第五步:对3元序列列表进行频次统计并将结果存入Excel表格】

该步与"4.2 基于IPA词典的词表制作编程实现"的第四步十分类似,不再赘述。

5.2.3 完整代码

入门版:

#【第一步:读取语料库中的日语语料】
```
1    from nltk.corpus import PlaintextCorpusReader
```

---

① 事实上,由逗号、句号等各种符号隔开的词已经不是连续的词了,自然不能放在一起组成多词序列,所以trigram列表中含有某种符号的3元序列元组需全部过滤干净。

```
2   corpus_root = r'C:\Users\Lenovo\Desktop\语料库数据'
3   corpus = PlaintextCorpusReader(corpus_root,'.*')
4   filenameslist = corpus.fileids()
5   textdata = corpus.words(filenameslist)
6   textdata = ''.join(textdata)
7   print(textdata)
```
#【第二步:对日语语料进行分词处理并整理成嵌套列表】
```
8   import MeCab
9   import re
10  tokenizer = MeCab.Tagger(r"-d D:\我的科研\我的语料库和词汇表\unidic-cwj-3.1.1")
11  words = tokenizer.parse(textdata)
12  print(words)
13  words = words.strip()
14  words = re.split('\n', words)
15  words = words[0:-1]
16  print(words)
17  tokenslist = []
18  for word in words:
19      item = re.split('[\t,]', word)
20      tokenslist.append(item)
21  print(tokenslist)
```
#【第三步:从嵌套列表中提取字符列表】
```
22  wordslist = []
23  for list in tokenslist:
24      if len(list) >= 9:
25          wordslist.append(list[8])
26  print(wordslist)
```
#【第四步:基于字符列表创建3元序列列表】
```
27  trigram = []
28  for i in range(len(wordslist) - 2):
29      trituple = (wordslist[i], wordslist[i + 1], wordslist[i + 2])
30      trigram.append(trituple)
31  print(trigram)
32  finaltrigram = []
33  for gram in trigram:
34      if re.match('\w', gram[0]) and re.match('\w', gram[1]) and re.match('\w', gram[2]):
```

```
35          finaltrigram.append(gram)
36    print(finaltrigram)
```
#【第五步:对3元序列列表进行频次统计并将结果存入Excel表格】
```
37    from nltk import FreqDist
38    import pandas as pd
39    trigramdic = FreqDist(finaltrigram)
40    dfdata = {"3元序列":[], "频次":[]}
41    trigramfreqdf = pd.DataFrame(dfdata)
42    i = 1
43    for gram in trigramdic:
44        trigramfreqdf.loc[i] = [gram, trigramdic[gram]]
45        i = i + 1
46    print(trigramfreqdf)
47    trigramfreqdf.to_excel(r'trigramtable.xlsx', index = False)
```

进阶版:

```
1     from nltk.corpus import PlaintextCorpusReader
2     import MeCab
3     import re
4     from nltk import FreqDist
5     import pandas as pd
6     corpus = PlaintextCorpusReader(r'C:\Users\Lenovo\Desktop\语料库数据', '.*')
7     textdata = ''.join(corpus.words(corpus.fileids()))
8     tokenizer = MeCab.Tagger(r" -d D:\我的科研\我的语料库和词汇表\unidic-cwj-3.1.1")
9     words = re.split('\n', tokenizer.parse(textdata).strip())[0:-1]
10    tokenslist = [re.split('[\t,]', word) for word in words]
11    wordslist = [list[8] for list in tokenslist if len(list) >= 9]
12    trigram = [(wordslist[i], wordslist[i + 1], wordslist[i + 2]) for i in range(len(wordslist) - 2)]
13    finaltrigram = [gram for gram in trigram if re.match('\w', gram[0]) and re.match('\w', gram[1]) and re.match('\w', gram[2])]
14    trigramdic = FreqDist(finaltrigram)
15    dfdata = {"3元序列":[], "频次":[]}
16    trigramfreqdf = pd.DataFrame(dfdata)
17    i = 1
18    for gram in trigramdic:
```

```
19      trigramfreqdf.loc[i] = [gram, trigramdic[gram]]
20      i + = 1
21  trigramfreqdf.to_excel(r'trigramtable.xlsx', index = False)
```

参考文献

梁茂成,2016. 什么是语料库语言学[M]. 上海:上海外语教育出版社.

梁茂成,李文中,许家金,2010. 语料库应用教程[M]. 北京:外语教学与研究出版社.

蔺志渊,2013. 中国学生英语书面语 N 元序列特征分析[J]. 外国语言文学,30(2):94-100.

第六章

日语主题词分析技术

6.1 技术概要与编程提示

主题词(keyword)分析是语料库语言学常用技术之一,其本质是语料库之间的频次对比分析。具体说来,基于语料库对比提取出来的主题词指在两个语料库中的频次有显著差异的词(梁茂成,2016)。其中,当前待研究的语料库称为观察语料库,作为参照对象进行对比的语料库则是参照语料库,后者通常是一个可代表某种语言整体的通用语料库。目前,语料库语言学使用的主流频次对比方法是对数似然率(log-likelihood ratio,LLR)①,两个语料库中某词的对数似然率计算方法②如下:

第1步:Eo = tw_oc(wf_oc + wf_rc) / (tw_oc + tw_rc)

第2步:Er = tw_rc(wf_oc + wf_rc) / (tw_oc + tw_rc)

第3步:LLR = 2(wf_oc * ln(wf_oc / Eo) + wf_rc * ln(wf_rc / Er))

(Eo:该词在观察语料库中的期望频次;tw_oc:观察语料库总词数;wf_oc:该词在观察语料库中的实际频次;wf_rc:该词在参照语料库中的实际频次;tw_rc:参照语料库总词数;Er:该词在参照语料库中的期望频次;LLR:对数似然率;ln:以自然常数 e(约等于2.7183)为底的对数,即自然对数)

也就是说,第1步使用该词在观察语料库中的实际频次、该词在参照语料库中的实际频次、观察语料库总词数和参照语料库总词数计算出该词在观察语料库中的期

---

① 对数似然率有时也称作关键性(keyness)。
② 该计算方法主要参考了以下两个网页:http://user.keio.ac.jp/~rhotta/hellog/2011-03-24-1.html(阅览日期:2023年3月17日);https://ucrel.lancs.ac.uk/llwizard.html(阅览日期:2023年3月17日)。

望频次;第 2 步使用该词在观察语料库中的实际频次、该词在参照语料库中的实际频次、观察语料库总词数和参照语料库总词数计算出该词在参照语料库中的期望频次;第 3 步则基于该词在观察语料库中的实际频次、该词在观察语料库中的期望频次、该词在参照语料库中的实际频次和该词在参照语料库中的期望频次最终计算出该词的对数似然率。在此需注意的是,如果该词在参照语料库中不使用,即在参照语料库中的实际频次为 0,则第 3 步中 ln(wf_rc / Er)部分的真数是 0,从而导致对数似然率无法计算。一般说来,当对数似然率大于 3.841 时,其对应的 p 值小于 0.05;当对数似然率大于 6.635 时,其对应的 p 值小于 0.01;而当对数似然率大于 10.828 时,其对应的 p 值则小于 0.001(梁茂成,2016)。通常 p 值小于 0.05(也就是对数似然率大于 3.841)即可认为差异达到统计学上的显著水平,说明该词在两个语料库中的频次存在显著差异,是一个主题词。主题词有正主题词与负主题词之分,若某词在观察语料库中的使用频率显著高于其在参照语料库中的使用频率,则该词为正主题词,反之则为负主题词。主题词分析可以有效探明观察语料库的语言特征,在语料库对比中使用广泛(梁茂成,2016)。

通过 Python 编程实现日语主题词分析并不困难,下一小节详细介绍一个编程案例。编程开始前,十分关键的一步是找到一个合适的参照语料库。如上所述,通用语料库一般是参照语料库的最佳选择。依据该标准,现存的唯一一个大规模日语语料库《现代日语书面语平衡语料库》(简称"BCCWJ")应该是最为理想的参照语料库。BCCWJ 目前不能无偿使用,但其全库的短单位[①]词表(BCCWJ 短单位語彙表(Version 1.1))已在互联网上免费公开,可通过官方网站(https://clrd.ninjal.ac.jp/bccwj/bcc-chu.html)自由下载(参考图 6-1 中长方形标识区域)。下载后进行解压便可获得一份共有 18 5137 行数据的 tsv 格式 BCCWJ 短单位词表(BCCWJ_frequencylist_suw_ver1_1.tsv)[②]。

[①]短单位指现代日语中含有意义的最小语言单位(小椋秀樹 等,2007)。
[②]BCCWJ 短单位词表的详情可参考官方网站中提供的 PDF 版解说文档:BCCWJ 語彙表解説_1.1。

```
┌─────────────────────────────────────────────────────────────────┐
│  📂 語彙表データ                                                  │
│                                                                 │
│  ▶ BCCWJ語彙表解説(PDF、以下ファイルの説明)BCCWJ語彙表解説_1.1.pdf │
│                                ┌──────────────────────────────┐ │
│  ▶ BCCWJ短単位語彙表(Version 1.1) │ BCCWJ_frequencylist_suw_ver1_1.zip │ │
│                                └──────────────────────────────┘ │
│  ▶ BCCWJ長単位語彙表(Version 1.1)   BCCWJ_frequencylist_luw_ver1_1.zip │
│                                                                 │
│  ▶ BCCWJ長単位語彙表(頻度2以上)(Version 1.1)  BCCWJ_frequencylist_luw2_ver1_1.zip │
│                                                                 │
│  ▶ BCCWJ品詞構成表(Version 1.1)   BCCWJ_frequencylist_pos_ver1_1.zip │
│                                                                 │
│  ▶ BCCWJ語種構成表(Version 1.1)   BCCWJ_frequencylist_wtype_ver1_1.zip │
└─────────────────────────────────────────────────────────────────┘
```

图 6-1　BCCWJ 短单位词表下载位置

也就是说，我们可以采用该短单位词表来代替 BCCWJ 全库。与此同时，在用 MeCab 软件对观察语料库进行分词处理时配套使用 UniDic 词典即可，因为基于 UniDic 词典的分词结果最终获得的正是短单位词汇[①]。这样一来，以观察语料库和 UniDic 词典为基础制作的短单位词表与 BCCWJ 短单位词表就具有了十分理想的可比性。除了准备好 BCCWJ 短单位词表、MeCab 软件和 UniDic 词典之外，我们在编程前还需安装好 mecab、nltk、xlsxwriter 等第三方库。mecab 和 nltk 库前面已做介绍，不再赘述。xlsxwriter 则是一个新库，主要用来创建 Excel 表格，并写入数据[②]。

6.2　主题词分析编程实现

6.2.1　所用语料与编程步骤

所用语料为前面使用过的微型语料库和 BCCWJ 短单位词表。前者的绝对路径为"C:\Users\Lenovo\Desktop\语料库数据"，其中包含 3 个写有日语文章的纯文本文

[①] 基于 UniDic 词典的分词也叫"短单位分词"，详情见网页：https://clrd.ninjal.ac.jp/unidic/about_unidic.html。
[②] 在之前的编程案例当中，我们主要通过 pandas 来创建 Excel 表格，但该库在读取和写入大量数据时速度较慢，甚至出现无法处理的现象。与此相对，xlsxwriter 在处理大量数据时速度很快，所以在此用其替代了 pandas。这样也有利于我们了解和掌握更多优质第三方库的使用方法。

件;后者的绝对路径为"C:\Users\Lenovo\Desktop\BCCWJ_frequencylist_suw_ver1_1.tsv",内含 18 5137 行数据(参考图6-2)。

	A	B	C	D	E	F	G
1	rank	lForm	lemma	pos	subLemma	wType	frequency
2	1	ノ	の	助詞-格助詞		和	5061558
3	2	ニ	に	助詞-格助詞		和	3576558
4	3	テ	て	助詞-接続助詞		和	3493117
5	4	ハ	は	助詞-係助詞		和	3289932
6	5	ダ	だ	助動詞		和	3156903
7	6	ヲ	を	助詞-格助詞		和	3085673
8	7	タ	た	助動詞		和	2876462
9	8	スル	為る	動詞-非自立可能		和	2563860
10	9	ガ	が	助詞-格助詞		和	2385641

图6-2 BCCWJ 短单位词表前10行数据

由图6-2可知,BCCWJ短单位词表中的 lForm 列为词汇素的读音,lemma 列为词汇素,pos 列为词汇素的词性,frequency 列为词汇素在整个 BCCWJ 中的频次[①],后续编程中主要使用这4列数据。然后,编程时的主要步骤如下:

第一步:读取观察语料库中的日语语料;

第二步:对日语语料进行分词处理并整理成嵌套列表;

第三步:基于嵌套列表创建观察语料库词汇素频次字典并计算观察语料库总词数;

第四步:基于 BCCWJ 短单位词表创建参照语料库词汇素列表及频次字典;

第五步:根据公式自定义对数似然率自动计算函数;

第六步:计算对数似然率并将结果存入 Excel 表格。

6.2.2 分步代码

【第一步:读取语料库中的日语语料】

该步与"4.3 基于 UniDic 词典的词表制作编程实现"的第一步完全相同,不

[①] 详情见"BCCWJ 語彙表解説_1.1"。

再赘述。

【第二步：对日语语料进行分词处理并整理成嵌套列表】

该步与"4.3 基于 UniDic 词典的词表制作编程实现"的第二步完全相同，不再赘述。

【第三步：基于嵌套列表创建观察语料库词汇素频次字典并计算观察语料库总词数】

到第二步为止，我们已通过 21 行代码完成日语语料分词处理，并将分词结果整理成了一个嵌套列表（即 tokenslist）。接下来需从该嵌套列表中提取出各单词的词汇素、读音和词性，并将读音和词性信息附在相应的词汇素后面构成一个整体，生成一个附带读音和词性信息的词汇素列表及频次字典。此处使用带读音和词性的词汇素是为了借助这些信息来进一步区分那些在 BCCWJ 短单位词表中有所区分的同形异义词汇素，从而实现更加精细和准确的词汇素频次统计以及更为理想的与 BCCWJ 短单位词表的可比性。例如，"が"在 BCCWJ 短单位词表中被区分为读音相同的"词性为格助词的词汇素'が'""词性为接续助词的词汇素'が'"和"词性为接续词的词汇素'が'"；"火"则被区分为词性相同的"读音为'ヒ'的词汇素'火'"和"读音为'カ'的词汇素'火'"。若借助读音和词性信息把这些同形异义词汇素分别表示为"が(ガ助詞格助詞)""が(ガ助詞接続助詞)""が(ガ接続詞)"和"火(ヒ名詞普通名詞一般)""火(カ名詞普通名詞一般)"，则能迅速对其进行有效区分。也就是说，综合运用读音和词性信息可以十分便捷地区分各类同形异义词汇素，从而完成更加精细和准确的词频统计。第三步的具体代码如下：

```
22    from nltk import FreqDist
23    wordslist = []
24    for list in tokenslist:
25        if len(list) >= 9 and re.match('\w', list[8]):
26            lemma = re.sub('-.* ', '', list[8])
27            lemma = lemma + "(" + list[7] + list[1] + list[2] + list[3] + list[4] + ")"
28            wordslist.append(lemma)
29        elif len(list) < 9 and re.match('\w', list[0]):
30            lemma = list[0] + "(" + list[1] + list[2] + list[3] +
```

```
          list[4] + ")"
31         wordslist.append(lemma)
32    print(wordslist)
33    totalwords_oc = len(wordslist)
34    wordfreqdic_oc = FreqDist(wordslist)
```

代码逐行解析：

第22行代码使用"from 库 import 函数"的代码形式把第三方库 nltk 中的 FreqDist()函数导入到当前 PyCharm 项目中，以供后续代码使用。

第23行代码构建了一个空列表，并把它赋值给变量 wordslist。

第24～31行代码是一个包含 for 循环语句的相对独立的代码块。其中，第24行代码依次读取 tokenslist 列表中的各个元素（类型为列表），每读取一个元素后立即将其赋值给变量 list，并自动运行一次有缩进的第25～31行代码。第25行代码设置了两个用 and 连接起来的 if 条件：（1）len(list) >= 9，（2）re.match('\w', list[8])。前者调用 len()函数测量 list 列表的长度（即列表中的元素个数），并要求该长度大于或等于9，以此确保后续代码中 list[8]元素（即词汇素）的存在；后者从 re 库中调用 match()函数，从起始位置开始匹配 list[8]元素中的非符号字符，以此确保 list[8]元素不是某种符号。若同时满足这两个条件，则会自动运行有缩进的第26～28行代码。其中，第26行代码从 re 库中调用 sub()函数，并将其处理结果赋值给变量 lemma。该函数中输入了3个参数，第1个参数（'-.*'）为正则表达式，用来匹配由小横杠（-）加上任意长度的任意字符所组成的字符串（参考表4-2）；第2个参数（''）为用于替换匹配成功对象的字符串，此处是一个空白字符串，即把匹配成功的对象替换为空白，也就是删除匹配成功的对象；第3个参数（list[8]）为接受匹配操作的字符串，此处为词汇素。整个函数的意思是，把词汇素中由小横杠加上任意长度的任意字符所组成的字符串删除之后返回剩余的词汇素。之所以对每个词汇素都进行这种处理，是因为我们发现通过 list[8]提取出来的元素中存在'君-代名詞''ダイバーシティー-diversity'等形式的词汇素，需使用 sub()函数将其转换为'君''ダイバーシティー'等普通形式的词汇素。第27行代码通过加号（+）在当前 lemma 中储存的词汇素后面依次粘上全角圆括号左半边

(()、读音信息(list[7])、1级词性信息(list[1])、2级词性信息(list[2])、3级词性信息(list[3])、4级词性信息(list[4])和全角圆括号右半边())(参考图4-9和图4-10),并将其再次赋值给变量lemma。第28行代码则对事先构建好的wordslist列表调用append()方法,将lemma中带有读音和词性的词汇素作为最后一个元素添加到wordslist当中。然后,第29行代码是另外两个用and连接起来的if条件:(1)len(list) < 9,(2)re.match('\w',list[0])。前者调用len()函数测量list列表的长度,并要求该长度小于9,以此形成与第25行代码有明确区分的补充性条件,从而提取出那些无法进行普通分词处理而位于list列表第1个元素(即list[0])位置上的特殊词汇素;后者从re库中调用match()函数,从起始位置开始匹配list[0]元素中的非符号字符,以此确保list[0]元素不是某种符号。若同时满足这两个条件,则会自动运行有缩进的第30～31行代码。第30行代码通过加号(+)在list[0]中特殊词汇素后面依次粘上全角圆括号左半边(()、1级词性信息(list[1])、2级词性信息(list[2])、3级词性信息(list[3])、4级词性信息(list[4])和全角圆括号右半边())①,并将其赋值给变量lemma。第31行代码对wordslist列表调用append()方法,将lemma中的特殊词汇素作为最后一个元素添加到wordslist当中②。如此一来,当第24行代码中的for循环语句运行结束之后,wordslist列表中就以元素的形式储存了观察语料库中的所有词汇素。

第32行代码通过print()函数把wordslist列表打印出来查看(参考图6-3)。

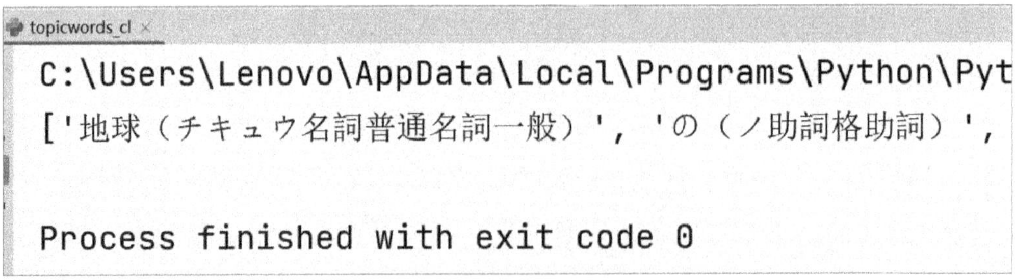

```
topicwords_cl
C:\Users\Lenovo\AppData\Local\Programs\Python\Pyt
['地球(チキュウ名詞普通名詞一般)', 'の(ノ助詞格助詞)',

Process finished with exit code 0
```

图6-3 wordslist列表中前两个带有读音和词性的词汇素

---

①特殊词汇素分词后无读音信息。

②事实上,最终提取到了两个特殊词汇素:"ウポ(名詞普通名詞一般)"和"KODOMO(名詞普通名詞一般)"。

第33行代码调用len()函数测量wordslist列表的长度,即观察语料库总词数,并将其赋值给变量totalwords_oc。

第34行代码调用FreqDist()函数统计wordslist列表中不同词汇素的频次信息,并将各词汇素(作为键)及其对应频次(作为值)转化成一个可用for循环语句读取的字典赋值给变量wordfreqdic_oc。

【第四步:基于BCCWJ短单位词表创建参照语料库词汇素列表及频次字典】

在第三步当中,我们最终获得了一个带有读音和词性信息的观察语料库词汇素频次字典(即wordfreqdic_oc),并计算了观察语料库总词数。接下来则需基于BCCWJ短单位词表创建带有读音和词性信息的参照语料库词汇素列表及其频次字典,从而为对比观察语料库和参照语料库中的词汇素频次做好准备。具体代码如下:

```
35  lemmalist_rc = []
36  wordfreqdic_rc = {}
37  with open(r'C:\Users\Lenovo\Desktop\BCCWJ_frequencylist_suw_ver1_1.tsv', encoding = 'utf-8') as txtfile:
38      next(txtfile)
39      for line in txtfile:
40          line = line.strip('\n')
41          line = re.split('\t', line)
42          pos = re.sub('-', '', line[3])
43          lemma = line[2] + "(" + line[1] + pos + ")"
44          lemmalist_rc.append(lemma)
45          lemmafrequency = int(line[6])
46          wordfreqdic_rc[lemma] = lemmafrequency
```

代码逐行解析:

第35行代码构建了一个空列表,并将其赋值给变量lemmalist_rc。

第36行代码构建了一个空字典,并将其赋值给变量wordfreqdic_rc。

第37~46行代码组成一个相对独立的代码块。其中,第37行代码使用with open()函数打开目标文件"BCCWJ_frequencylist_suw_ver1_1.tsv"(即BCCWJ短单位词表),并将其命名为变量txtfile。该函数中输入了两个参数,第1个参数指定了目标文件的绝对路径,第2个参数把打开文件时的编码方式(encoding)指定为'utf-8'。第38行代码通过next()函数跳过txtfile中BCCWJ短单位词表的第1行(即表头)字符串数据(rank、lForm、lemma 等,参考图 6-2),即移动到 txtfile 的第 2 行数据上。第 39~46 行代码是一个含有 for 循环语句的相对独立的代码块,从 txtfile 第 2 行开始逐行读取数据,并从中提取出带有读音和词性的词汇素及其频次信息,最终建成词汇素列表和频次字典。具体说来,第 39 行代码是一个 for 循环语句,该语句从第 2 行开始依次读取 txtfile 中的每行数据,且每读取一行就立即将其赋值给变量 line,并自动运行一次有缩进的第 40~46 行代码。其中,第 40 行代码对当前 line 中的字符串调用 strip()方法移除其头尾两端的换行符(\n),并将处理结果赋值给变量 line,即 line 中的内容进行了更新。第 41 行代码调用 re 库中的 split()函数,以制表符(\t)为分隔符①把当前 line 中的字符串分隔成多个元素,并将这些元素组成一个列表赋值给变量 line,即 line 中的内容再次进行了更新。如此一来,最终的 line 列表就把当前读取的行中的每列数据以元素的形式储存起来了。譬如,BCCWJ 短单位词表第 2 行数据(参考图 6-2)在 line 列表中的储存形态如下:

['1', 'ノ', 'の', '助詞-格助詞', '', '和', '5061558', ……]

也就是说,此时 line[1]为词汇素的读音,line[2]为词汇素,line[3]为词汇素的词性,line[6]则为词汇素的频次。然后,第 42 行代码从 re 库中调用 sub()函数,将 line[3](即词性)中的小横杠(-)删除之后返回剩余的字符串,并把该字符串赋值给变量 pos。第 43 行代码通过加号(+)在 line[2](即词汇素)后面依次粘上全角圆括号左半边(()、line[1](即读音)、pos(即词性)和全角圆括号右半边()),并将其赋值给变量 lemma。此时,lemma 中的词汇素就与之前观察语料库的词汇素一样带有读音和词性信息了。第 44 行代码对事先构建好的 lemmalist_rc 列表调用 append()方法,将 lemma 中的词汇素作为最后一个元素添加到 lemmalist_rc 当中。第 45 行代码通过 int()函数将 line[6]中以字符串形式存在的频次信息转换为可进行数学计算的整数,并把它赋值给变量 lemmafrequency。第 46 行代码则将 lemma 中的词汇素作为事先构建好的 wordfreqdic_rc 字典的一个键,同时将 lemmafrequency 中的频次信息作为对应的值赋值给该键。也就是说,我们把 lemma 中的词汇素和 lemmafrequency 中的频次

---

① 因为 tsv 文件每行当中的每列数据之间都是用制表符隔开的,所以在此把制表符作为分隔符。

信息组成一个新的键值对添加到了 wordfreqdic_rc 字典当中。如此一来,当第 39 行代码中的 for 循环语句运行结束之后,BCCWJ 短单位词表中的所有词汇素(带有读音和词性信息)及其对应的频次信息就全部储存在 wordfreqdic_rc 字典当中了。与此同时,所有词汇素还以元素的形式储存在 lemmalist_rc 列表当中。

【第五步:根据公式自定义对数似然率自动计算函数】

在第三步和第四步当中,我们分别创建了带有读音和词性信息的观察语料库词汇素频次字典(即 wordfreqdic_oc)和参照语料库词汇素列表(即 lemmalist_rc)及频次字典(wordfreqdic_rc)等。接下来就可以利用这些数据来计算观察语料库中各词汇素的对数似然率,从而识别出其中的主题词。但我们没能找到一个可以自动计算对数似然率的现成函数,所以在此根据公式自定义(即新创建)一个对数似然率自动计算函数,具体代码如下:

```
47  def LLRcalculator(wf_oc, tw_oc, wf_rc, tw_rc):
48      from math import log
49      Eo = tw_oc * (wf_oc + wf_rc) / (tw_oc + tw_rc)
50      Er = tw_rc * (wf_oc + wf_rc) / (tw_oc + tw_rc)
51      LLR = 2 * (wf_oc * log(wf_oc / Eo) + wf_rc * log(wf_rc / Er))
52      if LLR > 3.841:
53          p_value = "<0.05"
54          if wf_oc / tw_oc > wf_rc / tw_rc:
55              property = "正"
56          else:
57              property = "负"
58      else:
59          p_value = ">0.05"
60          property = "非"
61      result = [LLR, p_value, property]
62      return result
```

代码逐行解析:

第 47~62 行代码构成一个相对独立的代码块,共同实现对数似然率自动计算函数的自定义工作。一般说来,自定义一个函数的代码结构如下:

```
def 函数名(参数1,参数2,参数3,……):
    语句块
```

return 返回值

其中,第 1 行代码开头的 def(即 define 的缩写)是必需的关键字,不能更改,且第 1 行末尾有一个半角冒号(:)。从第 2 行代码开始需全部缩进,且最后一行代码需使用 return 返回该函数处理数据后获得的各种值。由此可知,第 47 行代码使用关键字 def 定义了一个名为"LLRcalculator"的函数。该函数中设置了 4 个参数,其意思分别为某词在观察语料库中的实际频次、观察语料库总词数、某词在参照语料库中的实际频次、参照语料库总词数。第 48 行代码把标准库 math 中的 log( ) 函数导入到当前 PyCharm 项目中备用,该函数默认以自然常数 e 为底数。第 49～51 行代码根据对数似然率计算公式(参考 6.1 节)分别计算了某词在观察语料库中的期望频次、某词在参照语料库中的期望频次以及某词的对数似然率。第 52～60 行代码构成一个相对独立的 if 条件语句。其中,第 52 行代码设置了一个 if 条件:LLR ＞ 3.841,若某词计算出来的 LLR 满足该条件,则说明其对应的 p 值小于 0.05,该词在两个语料库中的频次存在显著差异,是一个主题词,此时则自动运行有缩进的第 53～57 行代码。第 53 行代码把字符串"＜0.05"赋值给变量 p_value。第 54～57 行代码又构成一个相对独立的 if 条件语句。第 54 行代码是一个 if 条件:wf_oc／tw_oc ＞ wf_rc／tw_rc,意思是该词在观察语料库中的使用频率高于其在参照语料库中的使用频率。若满足该条件,则说明该词为正主题词,此时自动运行有缩进的第 55 行代码,把字符串"正"赋值给变量 property;若不能满足该条件,则说明该词为负主题词,此时运行第 56 行代码及其下方有缩进的第 57 行代码,把字符串"负"赋值给变量 property。另一方面,若某词计算出来的 LLR 不满足第 52 行代码中的条件,则说明其对应的 p 值不小于 0.05,即该词并非主题词。此时会直接运行第 58 行代码及其下方有缩进的第 59～60 行代码。第 59 行代码把字符串"＞0.05"赋值给变量 p_value。第 60 行代码则把字符串"非"赋值给变量 property。然后,第 61 行代码以计算获得的 LLR、p_value 和 property 值为元素创建了一个列表,并将其赋值给变量 result。第 62 行代码使用 return 返回 result 列表。也就是说,我们只要把某词在观察语料库中的实际频次、观察语料库总词数、某词在参照语料库中的实际频次、参照语料库总词数作为 4 个参数输入 LLRcalculator( ) 函数中,就能以列表的形式获得该词的对数似然率、p 值和主题词性质。

【第六步:计算对数似然率并将结果存入 Excel 表格】

在第五步当中,我们根据公式自定义了一个对数似然率自动计算函数(即 LLRcalculator()),接下来就可以利用该函数计算观察语料库中各词汇素的对数似然率、p 值和主题词性质,并将结果写入本地 Excel 表格。具体代码如下:

```
63  import xlsxwriter
64  workbook = xlsxwriter.Workbook('keywordanalysistable.xlsx')
65  worksheet = workbook.add_worksheet()
66  worksheet.write(0, 0, 'lemma')
67  worksheet.write(0, 1, 'pronunciation+pos')
68  worksheet.write(0, 2, 'frequency')
69  worksheet.write(0, 3, 'LLR')
70  worksheet.write(0, 4, 'p-value')
71  worksheet.write(0, 5, 'property')
72  row = 1
73  for word in wordfreqdic_oc:
74      if word in lemmalist_rc:
75          LLRresults = LLRcalculator(wordfreqdic_oc[word], total words_oc, wordfreqdic_rc[word], 104612418)
76          originallemma = re.sub('(.* ', '', word)
77          propos = re.sub('.* (', '', word)
78          propos = re.sub(')', '', propos)
79          worksheet.write(row, 0, originallemma)
80          worksheet.write(row, 1, propos)
81          worksheet.write(row, 2, wordfreqdic_oc[word])
82          worksheet.write(row, 3, LLRresults[0])
83          worksheet.write(row, 4, LLRresults[1])
84          worksheet.write(row, 5, LLRresults[2])
85          row = row + 1
86      else:
87          originallemma = re.sub('(.* ', '', word)
88          propos = re.sub('.* (', '', word)
89          propos = re.sub(')', '', propos)
90          worksheet.write(row, 0, originallemma)
91          worksheet.write(row, 1, propos)
92          worksheet.write(row, 2, wordfreqdic_oc[word])
93          worksheet.write(row, 3, '无')
```

```
94          worksheet.write(row, 4, '无')
95          worksheet.write(row, 5, '无')
96          row = row + 1
97  workbook.close()
```

代码逐行解析：

第63行代码使用"import 库"的代码形式把第三方库 xlsxwriter 导入当前 PyCharm 项目中，以供后续代码使用。

第64行代码调用 xlsxwriter 库中的 Workbook() 函数创建一个名为"keywordanalysistable.xlsx"的 excel 文件，并将其赋值给变量 workbook。

第65行代码对 workbook 文件调用 add_worksheet() 方法新增一个工作表，并将其赋值给变量 worksheet。

第66行代码对 worksheet 工作表调用 write() 方法。该方法中输入了3个参数，第1个参数指定了数据写入的行索引号位置(行索引号从0开始)，第2个参数指定了数据写入的列索引号位置(列索引号也从0开始)，第3个参数为当前的写入数据。也就是说，第66行代码在 worksheet 工作表的第1行第1列单元格中写入了字符串'lemma'。

第67~71行代码在 worksheet 工作表第1行的第2、3、4、5、6列单元格中分别写入字符串'pronunciation + pos'、'frequency'、'LLR'、'p-value'和'property'。

第72行代码把数值1赋值给行索引号变量 row。

第73~96行代码是一个包含 for 循环语句的相对独立的代码块。其中，第73行代码依次读取 wordfreqdic_oc 字典(即观察语料库词汇素频次字典)中的各个键(即带有读音和词性信息的词汇素)，每读取一个键(词汇素)之后立即将其赋值给变量 word，并自动运行一次有缩进的第74~96行代码。第74行代码设置了一个 if 条件：word in lemmalist_rc，意思是当前 word 中的词汇素也存在于 lemmalist_rc 列表(即参照语料库词汇素列表)当中，即该词汇素在参照语料库中的频次不为0，可计算其对数似然率。若满足该条件，则会自动运行有缩进的第75~85行代码。其中，第75行代码调用自定义函数 LLRcalculator() 计算当前 word 中词汇素的对数似然率、p 值和主题词性质，并将计算结果以列表形式赋值给变量 LLRresults，即此时的 LLRresults[0]、

LLRresults[1]、LLRresults[2]分别为该词汇素的对数似然率、p 值和主题词性质。LLRcalculator()函数中输入了 4 个参数(wordfreqdic_oc[word]、totalwords_oc、wordfreqdic_rc[word]和 104612418),分别表示该词汇素在观察语料库中的实际频次、观察语料库总词数、该词汇素在参照语料库中的实际频次和参照语料库总词数[①]。第 76 行代码调用 re 库的 sub()函数将当前词汇素中的括号及读音和词性信息删除后赋值给变量 originallemma,即把该词汇素还原成了常规形态的词汇素。第 77~78 行代码调用 re 库的 sub()函数依次删除了当前 word 中词汇素的读音词性信息前面和后面的字符,并把剩下的读音词性信息赋值给了变量 propos。第 79~84 行代码在 worksheet 工作表第 row+1 行的第 1、2、3、4、5、6 列单元格中分别写入当前词汇素的常规形态、读音词性信息、频次信息、对数似然率、p 值和主题词性质。第 85 行代码则把行索引号变量 row 的值加 1 之后重新赋值给 row。另一方面,若不能满足第 74 行代码中的条件,即当前 word 中的词汇素无法计算对数似然率,则直接运行第 86 行代码及其下方有缩进的第 87~96 行代码。此时不进行对数似然率计算,仅通过第 87~95 行代码将该词汇素的常规形态、读音词性信息和频次信息写入 worksheet 工作表相应单元格中,其余信息则在相应单元格中以字符串'无'进行标识。第 96 行代码把行索引号变量 row 的值加 1 之后重新赋值给 row。如此一来,当第 73 行代码中的 for 循环语句运行结束之后,即可完成观察语料库中各词汇素的对数似然率计算,并识别出观察语料库中的所有主题词。

第 97 行代码对当前的 workbook 文件调用 close()方法将其关闭。该行代码有时容易忘记,编程时需多加注意,缺少该行代码则不会生成最终的 Excel 文件。

6.2.3 完整代码

入门版:

#【第一步:读取语料库中的日语语料】
```
1    from nltk.corpus import PlaintextCorpusReader
2    corpus_root = r'C:\Users\Lenovo\Desktop\语料库数据'
```

[①] 该参照语料库总词数的值来源于"BCCWJ 語彙表解説_1.1"。

```
3    corpus = PlaintextCorpusReader(corpus_root,'.*')
4    filenameslist = corpus.fileids()
5    textdata = corpus.words(filenameslist)
6    textdata = ''.join(textdata)
7    print(textdata)
```
#【第二步:对日语语料进行分词处理并整理成嵌套列表】
```
8    import MeCab
9    import re
10   tokenizer = MeCab.Tagger(r"-d D:\我的科研\我的语料库和词汇表\unidic-cwj-3.1.1")
11   words = tokenizer.parse(textdata)
12   print(words)
13   words = words.strip()
14   words = re.split('\n', words)
15   words = words[0:-1]
16   print(words)
17   tokenslist = []
18   for word in words:
19       item = re.split('[\t,]', word)
20       tokenslist.append(item)
21   print(tokenslist)
```
#【第三步:基于嵌套列表创建观察语料库词汇素频次字典并计算观察语料库总词数】
```
22   from nltk import FreqDist
23   wordslist = []
24   for list in tokenslist:
25       if len(list) >= 9 and re.match('\w', list[8]):
26           lemma = re.sub('-.*', '', list[8])
27           lemma = lemma + "(" + list[7] + list[1] + list[2] + list[3] + list[4] + ")"
28           wordslist.append(lemma)
29       elif len(list) < 9 and re.match('\w', list[0]):
30           lemma = list[0] + "(" + list[1] + list[2] + list[3] + list[4] + ")"
31           wordslist.append(lemma)
32   print(wordslist)
33   totalwords_oc = len(wordslist)
34   wordfreqdic_oc = FreqDist(wordslist)
```
#【第四步:基于BCCWJ短单位词表创建参照语料库词汇素列表及频次字典】
```
35   lemmalist_rc = []
```

```python
36  wordfreqdic_rc = {}
37  with open(r'C:\Users\Lenovo\Desktop\BCCWJ_frequencylist_suw_ver1_1.tsv', encoding = 'utf-8') as txtfile:
38      next(txtfile)
39      for line in txtfile:
40          line = line.strip('\n')
41          line = re.split('\t', line)
42          pos = re.sub('-', '', line[3])
43          lemma = line[2] + "(" + line[1] + pos + ")"
44          lemmalist_rc.append(lemma)
45          lemmafrequency = int(line[6])
46          wordfreqdic_rc[lemma] = lemmafrequency
```
#【第五步:根据公式自定义对数似然率自动计算函数】
```python
47  def LLRcalculator(wf_oc, tw_oc, wf_rc, tw_rc):
48      from math import log
49      Eo = tw_oc * (wf_oc + wf_rc) / (tw_oc + tw_rc)
50      Er = tw_rc * (wf_oc + wf_rc) / (tw_oc + tw_rc)
51      LLR = 2 * (wf_oc * log(wf_oc / Eo) + wf_rc * log(wf_rc / Er))
52      if LLR > 3.841:
53          p_value = "<0.05"
54          if wf_oc / tw_oc > wf_rc / tw_rc:
55              property = "正"
56          else:
57              property = "负"
58      else:
59          p_value = ">0.05"
60          property = "非"
61      result = [LLR, p_value, property]
62      return result
```
#【第六步:计算对数似然率并将结果存入Excel表格】
```python
63  import xlsxwriter
64  workbook = xlsxwriter.Workbook('keywordanalysistable.xlsx')
65  worksheet = workbook.add_worksheet()
66  worksheet.write(0, 0, 'lemma')
67  worksheet.write(0, 1, 'pronunciation+pos')
68  worksheet.write(0, 2, 'frequency')
69  worksheet.write(0, 3, 'LLR')
70  worksheet.write(0, 4, 'p-value')
71  worksheet.write(0, 5, 'property')
```

```
72   row = 1
73   for word in wordfreqdic_oc:
74       if word in lemmalist_rc:
75           LLRresults = LLRcalculator(wordfreqdic_oc[word], totalwords_oc, wordfreqdic_rc[word], 104612418)
76           originallemma = re.sub('(.* ', '', word)
77           propos = re.sub('.* (', '', word)
78           propos = re.sub(')', '', propos)
79           worksheet.write(row, 0, originallemma)
80           worksheet.write(row, 1, propos)
81           worksheet.write(row, 2, wordfreqdic_oc[word])
82           worksheet.write(row, 3, LLRresults[0])
83           worksheet.write(row, 4, LLRresults[1])
84           worksheet.write(row, 5, LLRresults[2])
85           row = row + 1
86       else:
87           originallemma = re.sub('(.* ', '', word)
88           propos = re.sub('.* (', '', word)
89           propos = re.sub(')', '', propos)
90           worksheet.write(row, 0, originallemma)
91           worksheet.write(row, 1, propos)
92           worksheet.write(row, 2, wordfreqdic_oc[word])
93           worksheet.write(row, 3, '无')
94           worksheet.write(row, 4, '无')
95           worksheet.write(row, 5, '无')
96           row = row + 1
97   workbook.close()
```

进阶版：

```
1   from nltk.corpus import PlaintextCorpusReader
2   import MeCab
3   import re
4   from nltk import FreqDist
5   import xlsxwriter
6   corpus = PlaintextCorpusReader(r'C:\Users\Lenovo\Desktop\语料库数据', '.*')
7   textdata = ''.join(corpus.words(corpus.fileids()))
8   tokenizer = MeCab.Tagger(r"-d D:\我的科研\我的语料库和词汇表\unidic-cwj-3.1.1")
```

```
9   words = re.split('\n', tokenizer.parse(textdata).strip())[0:-1]
10  tokenslist = [re.split('[\t,]', word) for word in words]
11  wordslist = []
12  for list in tokenslist:
13      if len(list) >= 9 and re.match('\w', list[8]):
14          wordslist.append(re.sub('-.*', '', list[8]) + "(" + list[7] + list[1] + list[2] + list[3] + list[4] + ")")
15      elif len(list) < 9 and re.match('\w', list[0]):
16          wordslist.append(list[0] + "(" + list[1] + list[2] + list[3] + list[4] + ")")
17  totalwords_oc = len(wordslist)
18  wordfreqdic_oc = FreqDist(wordslist)
19  lemmalist_rc = []
20  wordfreqdic_rc = {}
21  with open(r'C:\Users\Lenovo\Desktop\BCCWJ_frequencylist_suw_ver1_1.tsv', encoding='utf-8') as txtfile:
22      next(txtfile)
23      for line in txtfile:
24          line = re.split('\t', line.strip('\n'))
25          lemma = line[2] + "(" + line[1] + re.sub('-', '', line[3]) + ")"
26          lemmalist_rc.append(lemma)
27          wordfreqdic_rc[lemma] = int(line[6])
28  def LLRcalculator(wf_oc, tw_oc, wf_rc, tw_rc):
29      from math import log
30      Eo = tw_oc * (wf_oc + wf_rc) / (tw_oc + tw_rc)
31      Er = tw_rc * (wf_oc + wf_rc) / (tw_oc + tw_rc)
32      LLR = 2 * (wf_oc * log(wf_oc / Eo) + wf_rc * log(wf_rc / Er))
33      if LLR > 3.841:
34          p_value = "<0.05"
35          if wf_oc / tw_oc > wf_rc / tw_rc:
36              property = "正"
37          else:
38              property = "负"
39      else:
40          p_value = ">0.05"
41          property = "非"
42      result = [LLR, p_value, property]
```

```
43      return result
44 workbook = xlsxwriter.Workbook('keywordanalysistable.xlsx')
45 worksheet = workbook.add_worksheet()
46 worksheet.write(0, 0, 'lemma')
47 worksheet.write(0, 1, 'pronunciation+pos')
48 worksheet.write(0, 2, 'frequency')
49 worksheet.write(0, 3, 'LLR')
50 worksheet.write(0, 4, 'p-value')
51 worksheet.write(0, 5, 'property')
52 row = 1
53 for word in wordfreqdic_oc:
54     if word in lemmalist_rc:
55         LLRresults = LLRcalculator(wordfreqdic_oc[word], total words_oc, wordfreqdic_rc[word], 104612418)
56         originallemma = re.sub('(.* ', '', word)
57         propos = re.sub(')', '', re.sub('.* (', '', word))
58         worksheet.write(row, 0, originallemma)
59         worksheet.write(row, 1, propos)
60         worksheet.write(row, 2, wordfreqdic_oc[word])
61         worksheet.write(row, 3, LLRresults[0])
62         worksheet.write(row, 4, LLRresults[1])
63         worksheet.write(row, 5, LLRresults[2])
64         row += 1
65     else:
66         originallemma = re.sub('(.* ', '', word)
67         propos = re.sub(')', '', re.sub('.* (', '', word))
68         worksheet.write(row, 0, originallemma)
69         worksheet.write(row, 1, propos)
70         worksheet.write(row, 2, wordfreqdic_oc[word])
71         worksheet.write(row, 3, '无')
72         worksheet.write(row, 4, '无')
73         worksheet.write(row, 5, '无')
74         row += 1
75 workbook.close()
```

参考文献

梁茂成, 2016. 什么是语料库语言学[M]. 上海:上海外语教育出版社.

小椋秀樹,ほか,2007.「現代日本語書き言葉均衡コーパス」の短単位解析について[C]//言語処理学会.言語処理学会第13回年次大会発表論文集.東京:言語処理学会:720-723.

第七章 日语索引行生成技术

 **技术概要与编程提示**

索引行(concordance)也称作语境中的关键词(key word in context, KWIC),是指利用检索技术将某词及其所在语境逐行呈现出来的数据(梁茂成,2016)。索引行分析在语料库语言学中广泛使用,是该学科最具代表性的方法之一。进行索引行分析时,有时会因语料库较大而检索出大量数据,此时可采用抽样的方法先抽取一部分索引行(如30行)进行观察和分析,分析结束后再观察一部分索引行(如30行),看是否出现新的语言现象,如有新语言现象出现则进一步观察更多索引行,依此类推,直到不再出现新语言现象为止(Sinclair,2003;梁茂成,2016)。基于索引行数据可探明某词的搭配情况,进而考察其多义性、语义韵、类联接等。这里所说的语义韵指词的一种属性,一般可分为"积极的"和"消极的"两种,这种属性产生于该词与其他词的共现之中,如英语中的"cause"这一动词因经常与带有消极意义的词语搭配使用而感染了消极意义(Partington,2004)。另一方面,类联接可理解为抽象语法类别之间的结伴关系,具体可指语法层面的词类关系、句类关系或其他类似的关系(梁茂成,2016)。

使用Python编程可以较为迅速地生成日语索引行。为了全面展示基于Python编程的日语索引行生成技术,从下一小节开始依次介绍两个编程案例:(1)基于指定词汇基本形及其活用形的索引行生成编程实现,(2)基于指定词汇素的索引行生成编程实现。在开始编程前,需事先安装好MeCab软件、UniDic词典以及mecab、nltk、xlsxwriter等第三方库。

7.2 基于指定词汇基本形及其活用形的索引行生成编程实现

7.2.1 所用语料与编程步骤

所用语料为前面使用过的微型语料库,库中包含3个写有日语文章的纯文本文件。该语料库的绝对路径为"C:\Users\Lenovo\Desktop\语料库数据"。然后,编程时的主要步骤如下:

第一步:读取语料库中的日语语料;
第二步:对日语语料进行分词处理;
第三步:根据指定词汇基本形及其活用形生成索引行并将结果存入 Excel 表格。

7.2.2 分步代码

【第一步:读取语料库中的日语语料】

该步与"4.3 基于 UniDic 词典的词表制作编程实现"的第一步完全相同,不再赘述。

【第二步:对日语语料进行分词处理】

在第一步当中,我们通过7行代码读取了目标语料库中的所有日语语料数据,并将其以一个字符串的形式储存在变量 textdata 当中。接下来就可以对该字符串进行分词处理,具体代码如下:

```
8   import MeCab
9   tokenizer = MeCab.Tagger("-Owakati")
10  words = tokenizer.parse(textdata)
11  print(words)
```

代码逐行解析:

第8行代码使用"import 库"的代码形式把第三方库 MeCab 导入当前 PyCharm 项目中备用。

第9行代码从 MeCab 库中调用 Tagger() 函数设置一个分词器,并将其赋值给变量 tokenizer,即此时的 tokenizer 相当于分词器本身。Tagger() 函数中输入了一个参数"-Owakati",该参数指定了分词时所用的模式,即"单词等字符之间全部使用半角空格隔开的分词模式"。

第10行代码通过调用tokenizer对象的parse()方法对textdata中的字符串进行分词处理,并把分词结果赋值给变量words。words中的字符串即为后续用于检索的文本。

第11行代码通过print()函数把words中储存的检索文本打印出来查看(参考图7-1)。不难发现,单词等字符之间全部用半角空格隔开了。

图7-1　words中的检索文本

【第三步:根据指定词汇基本形及其活用形生成索引行并将结果存入Excel表格】

在第二步当中,我们已经构建好了检索文本,接下来就可以指定关键词(某词的基本形及其活用形)开展检索,并将获得的索引行写入本地Excel表格。具体代码如下:

```
12   import re
13   import xlsxwriter
14   keywords = ['住む','住み','住ん','住ま','住め','住める','住もう']
15   width = '50'
16   workbook = xlsxwriter.Workbook('concordancetable.xlsx')
17   worksheet = workbook.add_worksheet()
18   worksheet.write(0, 0, '前文')
19   worksheet.write(0, 1, '关键词')
20   worksheet.write(0, 2, '后文')
21   row = 1
22   for keyword in keywords:
23       pattern = '.{' + width + '}' + ' ' + keyword + ' ' + '.{' + width + '}'
24       results = re.findall(pattern, words)
25       for concordance in results:
```

```
26              column = concordance.split(" " + keyword + " ")
27              worksheet.write(row, 0, column[0])
28              worksheet.write(row, 1, keyword)
29              worksheet.write(row, 2, column[1])
30              row = row + 1
31  workbook.close()
```

代码逐行解析：

第 12 行代码使用"import 库"的代码形式把标准库 re 导入当前 PyCharm 项目中备用。

第 13 行代码使用"import 库"的代码形式把第三方库 xlsxwriter 导入当前 PyCharm 项目中备用。

第 14 行代码把单词"住む"的基本形及其各种活用形组成一个列表赋值给变量 keywords。

第 15 行代码把字符串'50'赋值给变量 width，以此作为索引行中关键词前后文的显示长度。

第 16 行代码调用 xlsxwriter 库中的 Workbook( ) 函数创建一个名为"concordancetable.xlsx"的 Excel 文件，并将其赋值给变量 workbook。

第 17 行代码对 workbook 文件调用 add_worksheet( ) 方法新增一个工作表，并将其赋值给变量 worksheet。

第 18~20 行代码对 worksheet 工作表调用 write( ) 方法，在其第 1 行的第 1、2、3 列单元格中分别写入字符串'前文'、'关键词'、'后文'。

第 21 行代码把数值 1 赋值给行索引号变量 row。

第 22~30 行代码是一个包含两个 for 循环语句的相对独立的代码块。该代码块依次把"住む"的基本形和各种活用形当作关键词开展文本检索，获得相关索引行，并将其前文、关键词和后文分别写入 Excel 表格。具体说来，第 22 行代码依次读取 keywords 列表中的各个元素（即"住む"的基本形和活用形），每读取一个元素后立即将其赋值给变量 keyword，并自动运行一次有缩进的第 23~30 行代码。其中，第 23 行代码把一个用于构建正则表达式的字符串赋值给变量 pattern，该正则表达式可匹配"当前 keyword 中关键词左右均有一个半角空格和 width（即 50）个任意字符的字符串"（参考表 4-2）。第 24 行代码调用 re 库的 findall( ) 函数，基于 pattern（第 1 个参数）中的正则表达式查找检索文本 words（第 2 个参数）中的所有匹配对象（即包含当前 keyword 中关键词的所有索引行），并把匹配结果组成列表赋值给变量 results。第 25～30 行代码是另一个包含 for 循环语句的相对独立的代码块。其中，第 25 行代码依次读取 results 列表中的各个元素（即索引行），每读取一个元素后立即将其赋值给变量 concordance，并自动运行一次有缩进的第 26～30 行代码。第 26 行代码首先对当前 concordance 中的索引行调用 split( ) 方法。该方法中输入了一个参数" " + keyword + " "（即由当前关键词左右各加一个半角空格所构成的字符串），以该参数为分隔符对当前 concordance 中的索引行进行分隔，并将分隔出来的元素（即当前关键词的前文和后文）组成列表赋值给变量 column。也就是说，column 列表中的第 1、第 2 个元素分别为当前关键词的前文和后文。第 27～29 行代码对 worksheet 工作表调用 write( ) 方法，在第 row + 1 行的第 1、第 2、第 3 列单元格中分别写入当前索引行中的前文（column[0]）、关键词（当前 keyword 中的词）和后文（column[1]）。第 30 行代码把行索引号变量 row 的值加 1 后再次赋值给 row。如此一来，当第 22 行代码中的 for 循环语句运行结束之后，我们就把文本中检索到的含有"住む"基本形或活用形的所有索引行都存入了本地 Excel 表格当中（见图 7-2）。

第 31 行代码对当前的 workbook 文件调用 close( ) 方法将其关闭。

	A	B	C	D	E	F
1	前文	关键词	后文			
2	泣いて	住む	日本 列島 。 周り は 海 に 囲ま			
3	。しかし	住む	地域 でも 宅地 を 造る ため 、			
4	」を乱	住む	地球 は 全て が 循環 し ながら 生			
5	達は、	住み	家 を 奪って しまった の です			
6	ほっとし	住み	にくく なる と 思います が 、便			
7	の波が	住ん	でいる 阿久比 町 も 道路 の 拡張			
8	年の月	住める	環境 を 壊して しまいました 。			

图 7-2　含有"住む"的基本形或活用形的所有索引行

7.2.3 完整代码

入门版：

#【第一步:读取语料库中的日语语料】
```
1    from nltk.corpus import PlaintextCorpusReader
2    corpus_root = r'C:\Users\Lenovo\Desktop\语料库数据'
3    corpus = PlaintextCorpusReader(corpus_root, '.*')
4    filenameslist = corpus.fileids()
5    textdata = corpus.words(filenameslist)
6    textdata = ''.join(textdata)
7    print(textdata)
```
#【第二步:对日语语料进行分词处理】
```
8    import MeCab
9    tokenizer = MeCab.Tagger("-Owakati")
10   words = tokenizer.parse(textdata)
11   print(words)
```
#【第三步:根据指定词汇基本形及其活用形生成索引行并将结果存入Excel表格】
```
12   import re
13   import xlsxwriter
14   keywords = ['住む','住み','住ん','住ま','住め','住める','住もう']
15   width = '50'
16   workbook = xlsxwriter.Workbook('concordancetable.xlsx')
17   worksheet = workbook.add_worksheet()
18   worksheet.write(0, 0, '前文')
19   worksheet.write(0, 1, '关键词')
20   worksheet.write(0, 2, '后文')
21   row = 1
22   for keyword in keywords:
23       pattern = '.{' + width + '}' + ' ' + keyword + ' ' + '.{' + width + '}'
24       results = re.findall(pattern, words)
25       for concordance in results:
26           column = concordance.split(" " + keyword + " ")
27           worksheet.write(row, 0, column[0])
28           worksheet.write(row, 1, keyword)
29           worksheet.write(row, 2, column[1])
30           row = row + 1
31   workbook.close()
```

进阶版：

```
1   from nltk.corpus import PlaintextCorpusReader
2   import MeCab
3   import re
4   import xlsxwriter
5   corpus = PlaintextCorpusReader(r'C:\Users\Lenovo\Desktop\语料库数据', '.*')
6   textdata = ''.join(corpus.words(corpus.fileids()))
7   tokenizer = MeCab.Tagger("-Owakati")
8   words = tokenizer.parse(textdata)
9   workbook = xlsxwriter.Workbook('concordancetable.xlsx')
10  worksheet = workbook.add_worksheet()
11  worksheet.write(0, 0, '前文')
12  worksheet.write(0, 1, '关键词')
13  worksheet.write(0, 2, '后文')
14  row = 1
15  for keyword in ['住む', '住み', '住ん', '住ま', '住め', '住める', '住もう']:
16      pattern = '.{50}' + keyword + '.{50}'
17      results = re.findall(pattern, words)
18      for concordance in results:
19          column = concordance.split(" " + keyword + " ")
20          worksheet.write(row, 0, column[0])
21          worksheet.write(row, 1, keyword)
22          worksheet.write(row, 2, column[1])
23          row += 1
24  workbook.close()
```

7.3 基于指定词汇素的索引行生成编程实现

7.3.1 所用语料与编程步骤

所用语料为前面使用过的微型语料库,库中包含3个写有日语文章的纯文本文件。该语料库的绝对路径为"C:\Users\Lenovo\Desktop\语料库数据"。然后,编程时的主要步骤如下：

第一步:读取语料库中的日语语料;

第二步:对日语语料进行分词处理并整理成嵌套列表;
第三步:基于嵌套列表创建检索文本及词汇素类符列表与字典;
第四步:根据指定词汇素生成索引行并将结果存入 Excel 表格。

7.3.2 分步代码

【第一步:读取语料库中的日语语料】

该步与"4.3 基于 UniDic 词典的词表制作编程实现"的第一步完全相同,不再赘述。

【第二步:对日语语料进行分词处理并整理成嵌套列表】

该步与"4.3 基于 UniDic 词典的词表制作编程实现"的第二步完全相同,不再赘述。

【第三步:基于嵌套列表创建检索文本及词汇素类符列表与字典】

到第二步为止,我们已通过 21 行代码完成日语语料分词处理,并将分词结果整理成了一个嵌套列表(即 tokenslist)。接下来需基于该嵌套列表构建一个用于后续检索的文本、一个词汇素类符列表以及一部词汇素类符字典(键为不同的词汇素,值为各词汇素所对应的在检索文本中实际出现的原始形态的词)。具体代码如下:

```
22  retrievaltext = []
23  lemmadickeys = []
24  original_lemma = []
25  for l in tokenslist:
26      retrievaltext.append(l[0])
27      if re.match('[\u3040-\u309F\u30A0-\u30FF\u4E00-\u9FFF]+', l[0]) and len(l) >= 9:
28          lemma = re.sub('-.*', '', l[8])
29          lemmadickeys.append(lemma)
30          original_lemma.append((l[0], lemma))
31  retrievaltext = ' '.join(retrievaltext)
32  print(retrievaltext)
33  lemmadickeys = set(lemmadickeys)
34  lemmadickeys = list(lemmadickeys)
35  lemmadic = {}
36  for k in lemmadickeys:
```

```
37      values = []
38      for t in original_lemma:
39          if t[1] == k:
40              values.append(t[0])
41      values = set(values)
42      values = list(values)
43      lemmadic[k] = values
44  print(lemmadic)
```

代码逐行解析：

第22行代码构建了一个空列表，并把它赋值给变量retrievaltext。

第23行代码构建了一个空列表，并把它赋值给变量lemmadickeys。

第24行代码构建了一个空列表，并把它赋值给变量original_lemma。

第25～30行代码是一个包含for循环语句的相对独立的代码块。其中，第25行代码依次读取tokenslist列表中的各个元素（类型为列表），每读取一个元素后立即将其赋值给变量l[1]，并自动运行一次有缩进的第26～30行代码。第26行代码对事先构建好的retrievaltext列表调用append()方法，将l[0]（即还原为词汇素之前的单词原始形态）作为最后一个元素添加到retrievaltext当中。第27行代码设置了两个用and连接起来的if条件：(1) re.match('[\u3040-\u309F\u30A0-\u30FF\u4E00-\u9FFF]+', l[0])，(2) len(l) >= 9。其中，第1个条件调用re库的match()函数，尝试从字符串l[0]起始位置开始匹配正则表达式'[\u3040-\u309F\u30A0-\u30FF\u4E00-\u9FFF]+'（即任意长度的日语字符串），若匹配成功，则返回匹配结果，匹配不成功则返回None。第2个条件调用len()函数测量l列表的长度，并要求该长度大于或等于9，以此确保第28行代码中l[8]元素（即单词的词汇素）的存在。若同时满足这两个条件，则说明l[0]是日语字符串，且l列表的长度大于或等于9，此时自动运行有缩进的第28～30行代码。其中，第28行代码从re库中调用sub()函数，把l[8]词汇素中由小横杠加任意字符组成的字符串删除后返回剩余的词汇素。第29行代码对事先构建好的lemmadickeys列表调用append()方法，将该词汇素作为

---

① 此变量为小写英文字母"l"，而不是阿拉伯数字"1"。

最后一个元素添加到 lemmadickeys 当中。第 30 行代码首先把 l[0]（即单词原始形态）及其对应的词汇素组成一个元组，然后对事先构建好的 original_lemma 列表调用 append() 方法，将该元组作为最后一个元素添加到 original_lemma 当中。如此一来，当第 25 行代码中的 for 循环语句运行结束之后，retrievaltext 列表中储存了所有字符的原始形态，lemmadickeys 列表中储存了所有单词的词汇素，original_lemma 列表中则储存了各单词的原始形态及其对应的词汇素。

第 31 行代码借助 join() 方法用半角空格把 retrievaltext 列表中的所有元素连成一个字符串，并将其再次赋值给变量 retrievaltext，即 retrievaltext 进行了更新，变成了一个便于后续检索的字符串文本。

第 32 行代码通过 print() 函数把 retrievaltext 字符串打印出来查看（见图 7-3）。

图 7-3　retrievaltext 字符串

第 33 行代码使用 set() 函数将原本为列表的 lemmadickeys 强行转化为集合，并将其再次赋值给变量 lemmadickeys。由于集合中的元素不能重复，所以通过该操作可对 lemmadickeys 列表中的元素进行去重处理。

第 34 行代码使用 list() 函数将刚才获得的 lemmadickeys 集合又强行转化为列表，并再次赋值给变量 lemmadickeys。如此一来，便获得了一个词汇素类符列表。

第 35 行代码创建了一个空字典，并将其赋值给变量 lemmadic。

第 36~43 行代码又是一个包含 for 循环语句的相对独立的代码块。其中，第 36 行代码依次读取 lemmadickeys 列表中的各个元素（即不同的词汇素类符），每读取一个元素后立即将其赋值给变量 k，并自动运行一次有缩进的第 37~43 行代码。其中，第 37 行代码创建了一个空列表，并将其赋值给变量 values。第 38~40 行代码又是一个包含 for 循环语句的相对独立的代码块。第 38 行代码依次读取 original_lemma 列表中的各个元素(即由各日语单词原始形态及其对应词汇素构成的元组),每读取一个元素后立即将其赋值给变量 t,并自动运行一次有缩进的第 39~40 行代码。第 39 行代码是一个 if 条件:t[1] == k,意思是 t 元组第 2 个元素(词汇素)和当前 k 中的词汇素相同。若满足该条件,则自动运行有缩进的第 40 行代码,即对事先构建好的 values 列表调用 append()方法,将 t[0](即 t 元组第 1 个元素,也就是单词的原始形态)作为最后一个元素添加到 values 当中。如此一来,就能把对应于当前 k 中词汇素的所有原始形态查找出来,并存放到 values 列表当中。第 41~42 行代码对 values 列表的元素进行了去重处理。第 43 行代码将当前 k 中的词汇素(作为键)和 values 列表中与该词汇素对应的所有原始形态(作为值)组成键值对添加到 lemmadic 字典当中。这样一来,当第 36 行中的 for 循环语句运行结束之后,lemmadic 字典中就储存了与各词汇素(即键)分别对应的所有单词的原始形态(即数据类型为列表的值)。

第 44 行代码通过 print()函数把 lemmadic 字典打印出来查看(见图 7-4)。

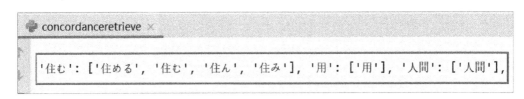

图 7-4　lemmadic 字典

【第四步:根据指定词汇素生成索引行并将结果存入 Excel 表格】

在第三步当中,我们成功创建了用于检索的文本(即 retrievaltext)、词汇素类符列表(即 lemmadickeys)以及由词汇素类符(键)与其所有原始形态(值)组成的字典(即 lemmadic)。接下来就可以使用指定的词汇素(如"住む")对文本展开检索,生成相关索引行,并将结果存入 Excel 表格中。具体代码如下:

```
45    import xlsxwriter
46    keylemma = '住む'
47    width = '50'
48    workbook = xlsxwriter.Workbook('concordancetable.xlsx')
49    worksheet = workbook.add_worksheet()
50    worksheet.write(0, 0, '前文')
51    worksheet.write(0, 1, '关键词')
```

```
52   worksheet.write(0, 2, '后文')
53   row = 1
54   if keylemma in lemmadickeys:
55       keywords = lemmadic[keylemma]
56       for keyword in keywords:
57           pattern = '.{' + width + '}' + ' ' + keyword + ' ' + '.{' + width + '}'
58           results = re.findall(pattern, retrievaltext)
59           for concordance in results:
60               column = concordance.split(" " + keyword + " ")
61               worksheet.write(row, 0, column[0])
62               worksheet.write(row, 1, keyword)
63               worksheet.write(row, 2, column[1])
64               row = row + 1
65   else:
66       worksheet.write(row, 0, '无检索结果')
67       worksheet.write(row, 1, '无检索结果')
68       worksheet.write(row, 2, '无检索结果')
69   workbook.close()
```

代码逐行解析：

第 45 行代码使用"import 库"的代码形式把第三方库 xlsxwriter 导入当前 PyCharm 项目中，以供后续代码使用。

第 46 行代码把词汇素'住む'赋值给变量 keylemma。

第 47 行代码把字符串'50'赋值给变量 width，以此作为索引行中关键词前后文的显示长度。

第 48 行代码调用 xlsxwriter 库中的 Workbook( )函数创建一个名为"concordancetable.xlsx"的 Excel 文件，并将其赋值给变量 workbook。

第 49 行代码对 workbook 文件调用 add_worksheet( )方法新增一个工作表，并将其赋值给变量 worksheet。

第 50~52 行代码对 worksheet 工作表调用 write( )方法，在其第 1 行的第 1、2、3 列单元格中分别写入字符串'前文'、'关键词'、'后文'。

第 53 行代码把数值 1 赋值给行索引号变量 row。

第 54~68 行代码是一个包含 if 条件语句的相对独立的代码块。其中，第 54 行代码中设置了一个 if 条件：keylemma in lemmadickeys，意为 keylemma 中用于检索的词汇素存在于 lemmadickeys 列表（即词汇素类符列表）当中。也就是说，该词汇素的原始形态在检索文本中有所使用，可以检索到索引行。如果满足这个条件，则会自动运行有缩进的第 55~64 行代码。第 55 行代码把 keylemma 中词汇素在 lemmadic 字典中所对应的值（即该词汇素对应的所有原始形态组成的列表）赋值给变量 keywords（参考图 7-4）。keywords 列表中各个原始形态的词即为后续文本检索的关键词。第 56~64 行代码是一个包含两个 for 循环语句的相对独立的代码块。该代码块依次把词汇素各原始形态当作关键词开展文本检索，获得相关索引行，并将其分割为前文、关键词和后文 3 个部分写入 Excel 表格。具体说来，第 56 行代码依次读取 keywords 列表中的各个元素（即原始形态的词），每读取一个元素后立即将其赋值给变量 keyword，并自动运行一次有缩进的第 57~64 行代码。其中，第 57 行代码把一个用于构建正则表达式的字符串赋值给变量 pattern，该正则表达式可匹配"当前 keyword 中关键词左右均有一个半角空格和 width（即 50）个任意字符的字符串"。第 58 行代码调用 re 库的 findall() 函数，基于 pattern 中的正则表达式查找检索文本 retrievaltext 中的所有匹配对象（即包含当前 keyword 中关键词的所有索引行），并把匹配结果组成列表赋值给变量 results。第 59~64 行代码是另一个包含 for 循环语句的相对独立的代码块。其中，第 59 行代码依次读取 results 列表中的各个元素（即索引行），每读取一个元素后立即将其赋值给变量 concordance，并自动运行一次有缩进的第 60~64 行代码。第 60 行代码首先对当前 concordance 中的索引行调用 split() 方法。该方法中输入了一个参数" " + keyword + " "（即由当前关键词左右各加一个半角空格所构成的字符串），以该参数为分隔符对当前 concordance 中的索引行进行分隔，并将分隔出来的元素（即当前关键词的前文和后文）组成列表赋值给变量 column。由此可知，column 列表中的第 1、2 个元素分别为当前关键词的前文和后文。第 61~63 行代码对 worksheet 工作表调用 write() 方法，在第 row + 1 行的第 1、2、3 列单元格中分别写入当前索引行中的前文（column[0]）、关键词（当前 keyword 中的词）和后文（column[1]）。第 64 行代码把行索引号变量 row 的值加 1 后再次赋值给 row。如此一来，当第 56 行代码中的 for 循环语句运行结束之后，我们就把文本中检索到的与词汇素'住む'相关的所有索引行都存入了本地 Excel 表格当中(见图7-5)。

	A	B	C	D	E	F	G
1	前文	关键词	后文				
2	年 の 月	住める	環境 を 壊 し て しまい ました 。 農業 の 合理
3	の 波 が	住ん	で いる 阿久比 町 も 道路 の 拡張 工事 や 、
4	ほっと し	住み	にくく なる と 思い ます が 、 便利 に なっ て
5	泣い て	住む	日本 列島 。 周り は 海 に 囲ま れ 、 国土 の
6	。 しかし	住む	地域 で も 宅地 を 造る ため 、 あまり に も 開
7	」 を 乱	住む	地球 は 全て が 循環 し ながら 生き て いる 。

图7-5　与词汇素'住む'相关的所有索引行

另一方面,如果第54行代码中的条件得不到满足,即 keylemma 中用于检索的词汇素不在 lemmadickeys 列表当中,则说明该词汇素的原始形态在检索文本中完全不使用,无法获得索引行。此时会直接运行第65行代码及其下面有缩进的第66~68行代码。第66~68行代码对 worksheet 工作表调用 write() 方法,在其第 row + 1 行(即第2行)的第1、2、3列单元格中全部写入字符串 '无检索结果'。

第69行代码对当前的 workbook 文件调用 close() 方法将其关闭。

7.3.3　完整代码

入门版：

```
#【第一步:读取语料库中的日语语料】
1    from nltk.corpus import PlaintextCorpusReader
2    corpus_root = r'C:\Users\Lenovo\Desktop\语料库数据'
3    corpus = PlaintextCorpusReader(corpus_root, '.*')
4    filenameslist = corpus.fileids()
5    textdata = corpus.words(filenameslist)
6    textdata = ''.join(textdata)
7    print(textdata)
#【第二步:对日语语料进行分词处理并整理成嵌套列表】
8    import MeCab
9    import re
10   tokenizer = MeCab.Tagger(r"-d D:\我的科研\我的语料库和词汇表\unidic-cwj-3.1.1")
11   words = tokenizer.parse(textdata)
12   print(words)
```

```
13    words = words.strip()
14    words = re.split('\n', words)
15    words = words[0:-1]
16    print(words)
17    tokenslist = []
18    for word in words:
19        item = re.split('[\t,]', word)
20        tokenslist.append(item)
21    print(tokenslist)
```
#【第三步:基于嵌套列表创建检索文本及词汇素类符列表与字典】
```
22    retrievaltext = []
23    lemmadickeys = []
24    original_lemma = []
25    for l in tokenslist:
26        retrievaltext.append(l[0])
27        if re.match('[\u3040-\u309F\u30A0-\u30FF\u4E00-\u9FFF]+', l[0]) and len(l) >= 9:
28            lemma = re.sub('-.*', '', l[8])
29            lemmadickeys.append(lemma)
30            original_lemma.append((l[0], lemma))
31    retrievaltext = ' '.join(retrievaltext)
32    print(retrievaltext)
33    lemmadickeys = set(lemmadickeys)
34    lemmadickeys = list(lemmadickeys)
35    lemmadic = {}
36    for k in lemmadickeys:
37        values = []
38        for t in original_lemma:
39            if t[1] == k:
40                values.append(t[0])
41        values = set(values)
42        values = list(values)
43        lemmadic[k] = values
44    print(lemmadic)
```
#【第四步:根据指定词汇素生成索引行并将结果存入Excel表格】
```
45    import xlsxwriter
46    keylemma = '住む'
47    width = '50'
48    workbook = xlsxwriter.Workbook('concordancetable.xlsx')
```

```
49  worksheet = workbook.add_worksheet()
50  worksheet.write(0, 0, '前文')
51  worksheet.write(0, 1, '关键词')
52  worksheet.write(0, 2, '后文')
53  row = 1
54  if keylemma in lemmadickeys:
55      keywords = lemmadic[keylemma]
56      for keyword in keywords:
57          pattern = '.{' + width + '}' + ' ' + keyword + ' ' + '.{' + width + '}'
58          results = re.findall(pattern, retrievaltext)
59          for concordance in results:
60              column = concordance.split(" " + keyword + " ")
61              worksheet.write(row, 0, column[0])
62              worksheet.write(row, 1, keyword)
63              worksheet.write(row, 2, column[1])
64              row = row + 1
65  else:
66      worksheet.write(row, 0, '无检索结果')
67      worksheet.write(row, 1, '无检索结果')
68      worksheet.write(row, 2, '无检索结果')
69  workbook.close()
```

进阶版：

```
1   from nltk.corpus import PlaintextCorpusReader
2   import MeCab
3   import re
4   import xlsxwriter
5   corpus = PlaintextCorpusReader(r'C:\Users\Lenovo\Desktop\语料库数据', '.*')
6   textdata = ''.join(corpus.words(corpus.fileids()))
7   tokenizer = MeCab.Tagger(r"-d D:\我的科研\我的语料库和词汇表\unidic-cwj-3.1.1")
8   words = re.split('\n', tokenizer.parse(textdata).strip())[0:-1]
9   tokenslist = [re.split('[\t,]', word) for word in words]
10  retrievaltext = []
11  lemmadickeys = []
12  original_lemma = []
```

```
13  for l in tokenslist:
14      retrievaltext.append(l[0])
15      if re.match('[\u3040-\u309F\u30A0-\u30FF\u4E00-\u9FFF]+', l[0]) and len(l) >= 9:
16          lemmadickeys.append(re.sub('-.*', '', l[8]))
17          original_lemma.append((l[0], re.sub('-.*', '', l[8])))
18  retrievaltext = ' '.join(retrievaltext)
19  lemmadickeys = list(set(lemmadickeys))
20  lemmadic = {}
21  for k in lemmadickeys:
22      lemmadic[k] = list(set([t[0] for t in original_lemma if t[1] == k]))
23  workbook = xlsxwriter.Workbook('concordancetable.xlsx')
24  worksheet = workbook.add_worksheet()
25  worksheet.write(0, 0, '前文')
26  worksheet.write(0, 1, '关键词')
27  worksheet.write(0, 2, '后文')
28  row = 1
29  if '住む' in lemmadickeys:
30      keywords = lemmadic['住む']
31      for keyword in keywords:
32          pattern = '.{50}' + keyword + '.{50}'
33          results = re.findall(pattern, retrievaltext)
34          for concordance in results:
35              column = concordance.split(" " + keyword + " ")
36              worksheet.write(row, 0, column[0])
37              worksheet.write(row, 1, keyword)
38              worksheet.write(row, 2, column[1])
39              row += 1
40  else:
41      worksheet.write(row, 0, '无检索结果')
42      worksheet.write(row, 1, '无检索结果')
43      worksheet.write(row, 2, '无检索结果')
44  workbook.close()
```

参考文献

梁茂成, 2016. 什么是语料库语言学[M]. 上海: 上海外语教育出版社.

Partington A, 2004. Utterly content in each other's company[J]. International Journal of Corpus Linguistics, 9(1): 131 – 156.

Sinclair J, 2003. Reading concordances: an introduction[M]. Harlow: Longman.

第八章 日语显著搭配提取技术

8.1 技术概要与编程提示

语料库语言学所说的搭配(collocation)指两个或两个以上的词在文本中相距不远的地方共同出现,组成搭配的各个词语之间彼此吸引,不可分离,共同构成一个意义整体(Sinclair,1991;梁茂成,2016)。当搭配为二词词块时,其中一个词可称为节点词,另一个词为其搭配词。语料库语言学十分重视搭配的研究,因为搭配是语言地道与否的主要标志,是区分母语者与非母语者语言的重要指标(雷蕾,2020)。例如,日语中一般只说"薬を飲む",而不说"薬を食べる",但中文中"喝药"和"吃药"都能说。再如,日语中通常说"雨が強い",而中文则要说"雨很大"。由此可见,语言中存在各种各样的搭配,不同语言会使用一些不同的搭配。若能扎实掌握某门语言中的所有搭配,则能十分地道地产出该语言。目前,语料库语言学中的搭配研究大多聚焦于二词词块,从语料库中提取显著搭配时一般基于搭配强度计算结果。可计算二词词块搭配强度的统计检验方法较多,其中认可度较高的是 T 检验(T-test)和点互信息(pointwise mutual information,PMI)检验(雷蕾 等,2017),两者计算方法如下①:

$$\text{T 值} = \frac{f_{AB} - \dfrac{f_A f_B}{N}}{\sqrt{f_{AB}}} \qquad \text{PMI 值} = \log_2 \frac{f_{AB} N}{f_A f_B}$$

(f_{AB}:A、B 两词在语料库中的共现频次;f_A:A 词在语料库中的实际频次;f_B:B 词

---

① 此处的计算方法主要参考了 Sketch Engine 提供的计算公式,详情见以下网页:https://www.sketchengine.eu/wp-content/uploads/ske-statistics.pdf。

在语料库中的实际频次；N:语料库总词数)

  一般说来,二词词块的 T 值不小于 2 或 PMI 值不小于 3 即可作为较好的显著搭配(Hunston,2002;王华伟 等,2012)。

  通过 Python 编程可以较为便捷地计算二词词块的搭配强度,从而提取出其中的显著搭配。编程前需讨论的一个重要问题是,究竟两个词在文本中相距多远可算一次共现,即可作为候选搭配。以往在确定候选搭配时,一般会设定一个节点词和窗口跨距(如 ±5,即节点词前面 5 个词和后面 5 个词),位于此窗口跨距中的各个词与节点词构成候选搭配。该方法简单易行,但会产生许多结构不完整,意义不明确,不具备句法共现性和教学意义的搭配(雷蕾 等,2017)。并且,窗口跨距到底设置为多少比较合理似乎也具有一定的主观性和语言特异性。譬如,以往研究经验表明,针对普通英语文本时,窗口跨距设置为 ±4 或 ±5 较为合适(卫乃兴,2002),而考察日语文本时则可把窗口跨距设置为 ±4(王华伟 等,2012)。有鉴于此,管新潮尝试使用了另一种确定候选搭配的方法,即不设置固定的窗口跨距,而是把同一个句子中所有词相互之间的两两组合当作候选搭配(管新潮,2021)。换言之,只要两个词在同一个句子中一起出现,则构成一个候选搭配。该做法较具特色,有可能在一定程度上改善以往候选搭配的缺陷。此外,雷蕾等还提出了一种基于句法分析的候选搭配选取方法,主张节点词和搭配词之间必须具有依存关系等明确的句法关系才能成为候选搭配(雷蕾 等,2017)。所谓依存关系指同一句子中两个词之间的句法关系,通常其中一词为从属词,另一词为支配词,前者依存于后者。譬如,在句子"彼はいい本を書く"当中,"彼"(从属词)与"書く"(支配词)之间存在一种名词主语与动词谓语的依存关系(记为 nsubj),"いい"(从属词)与"本"(支配词)之间存在一种形容词作修饰语的依存关系(记为 acl),"本"(从属词)与"書く"(支配词)之间则存在一种名词宾语与动词谓语的依存关系(记为 obj)。这种基于句法分析的候选搭配选取方法可有效提升显著搭配提取的准确性,克服传统提取方法中节点词和搭配词可能没有句法关系的问题(雷蕾 等,2017)。然后,除了二词词块候选搭配的选取方法十分重要,还需根据研究目的选择合适的提取内容。具体说来,我们既可以指定一个节点词,仅提取出语料库中由该节点词与其搭配词所组成的显著搭配,也可以不指定节点词,全额提取出某语料库中的所有显著搭配,还可以选择性地提取出构成某一类或几类依存关系(如obj)的显著搭配。综合考虑以上几种候选搭配选取方法及提取内容,从下一小节开始,我们以日语二词词块搭配为例,依次介绍3个Python编程案例:(1)基于指定节点词和窗口跨距的二词词块显著搭配提取编程实现,(2)基于句子单位的二词词块显著搭配全额提取编程实现,(3)基于依存关系的动宾词块显著搭配提取编程实现。开始编程前,需事先安装好 MeCab 软件、UniDic 词典以及 mecab、nltk、xlsxwriter、unidic2ud、fugashi 等第三方库。其中,unidic2ud 和 fugashi 是新出现的库,前者用于近、现代日语的分词(形态分析)、词性标注、词形还原和依存关系分析,后者与 mecab 库类似,用来调用安装好的 MeCab 软件。程序运行时,fugashi 库会被 unidic2ud 库间接调用①。

8.2 基于指定节点词和窗口跨距的二词词块显著搭配提取编程实现

8.2.1 所用语料与编程步骤

所用语料为前文使用过的微型语料库,库中包含3个写有日语文章的纯文本文件。该语料库的绝对路径为"C:\Users\Lenovo\Desktop\语料库数据"。然后,编程时的主要步骤如下:

第一步:读取语料库中的日语语料;

第二步:对日语语料进行分词处理并整理成嵌套列表;

第三步:基于嵌套列表创建词汇素和二词词块候选搭配频次字典并计算语料库总词数和节点词数量;

第四步:根据公式自定义二词词块搭配强度自动计算函数;

第五步:基于搭配强度提取二词词块显著搭配并将其存入 Excel 表格。

---

① 需注意的是,unidic2ud 库需在联网状态下使用。然后,安装 unidic2ud 库时一般会自动安装 fugashi 库,但后者可能会因项目环境问题而无法安装成功。此时,可借助 Anaconda 软件构建一个新项目环境,在新环境中一般可成功安装 unidic2ud 库和 fugashi 库。有关 Anaconda 软件的介绍、安装及使用教程等可参考以下链接:https://zhuanlan.zhihu.com/p/32925500。

8.2.2 分步代码

【第一步：读取语料库中的日语语料】

该步与"4.3 基于 UniDic 词典的词表制作编程实现"的第一步完全相同，不再赘述。

【第二步：对日语语料进行分词处理并整理成嵌套列表】

该步与"4.3 基于 UniDic 词典的词表制作编程实现"的第二步完全相同，不再赘述。

【第三步：基于嵌套列表创建词汇素和二词词块候选搭配频次字典并计算语料库总词数和节点词数量】

到第二步为止，我们已通过 21 行代码完成日语语料分词处理，并将分词结果整理成了一个嵌套列表（即 tokenslist）。接下来需基于该嵌套列表创建词汇素频次字典、节点词二词词块频次字典，并计算语料库总词数和节点词数量，以此为节点词二词词块搭配强度的计算提供基本数据。具体代码如下：

```
22   from nltk import FreqDist
23   lemmaslist = []
24   for list in tokenslist:
25       if len(list) >= 9:
26           lemma = re.sub('-.* ', '', list[8])
27           lemma = lemma + "(" + list[7] + list[1] + list[2] + list[3] + list[4] + ")"
28           lemmaslist.append(lemma)
29       else:
30           lemma = list[0] + "(" + list[1] + list[2] + list[3] + list[4] + ")"
31           lemmaslist.append(lemma)
32   print(lemmaslist)
33   wordfreqdic = FreqDist(lemmaslist)
34   totallemmas = 0
35   collocations = []
36   nodeword = "住む"
37   totalnodewords = 0
38   width = 4
```

```
39  for n in range(len(lemmaslist)):
40      lemma = re.sub('(.* ', '', lemmaslist[n])
41      if re.match('\w', lemma):
42          totallemmas = totallemmas + 1
43      if lemma == nodeword:
44          totalnodewords = totalnodewords + 1
45          if n <= 3:
46              collocativewords = lemmaslist[0:n] + lemmaslist[n + 1:n + 1 + width]
47              for cw in collocativewords:
48                  collocations.append((nodeword, cw))
49          else:
50              collocativewords = lemmaslist[n - width:n] + lemmaslist[n + 1:n + 1 + width]
51              for cw in collocativewords:
52                  collocations.append((nodeword, cw))
53  print(collocations)
54  finalcollocations = []
55  for c in collocations:
56      if re.match('\w', c[1]):
57          finalcollocations.append(c)
58  collocationdic = FreqDist(finalcollocations)
```

代码逐行解析：

第22行代码使用"from 库 import 函数"的代码形式把第三方库nltk中的FreqDist()函数导入到当前PyCharm项目中，以供后续代码使用。

第23行代码构建了一个空列表，并把它赋值给变量lemmaslist。

第24～31行代码是一个包含for循环语句的相对独立的代码块。其中，第24行代码依次读取tokenslist列表中的各个元素（类型为列表），每读取一个元素后立即将其赋值给变量list，并自动运行一次有缩进的第25～31行代码。其中，第25行代码设置了一个if条件：len(list) >= 9，该条件调用len()函数测量list列表的长度（即列表中的元素个数），并要求其大于或等于9，以此确保第26行代码中list[8]元素（即词汇素）的存在。若满足该条件，则会自动运行有缩进的第26～28行代码。第26行代码从re库中调用sub()函数，把list[8]词汇素中由小横杠加任意字符组成的字符串删除后返回剩余的词汇素，并将其赋值给变量lemma。第27行代码通过加号（+）

在 lemma 中的词汇素后面依次粘上全角圆括号左半边（（）、读音信息（list[7]）、1 级词性信息（list[1]）、2 级词性信息（list[2]）、3 级词性信息（list[3]）、4 级词性信息（list[4]）和全角圆括号右半边（）)（参考图 4-9 和图 4-10），并将其再次赋值给变量 lemma。第 28 行代码则对事先构建好的 lemmaslist 列表调用 append（）方法，将 lemma 中带有读音和词性信息的词汇素作为最后一个元素添加到 lemmaslist 当中。另一方面，若不满足第 25 行代码中的条件，则直接运行第 29 行代码及其下方有缩进的第 30～31 行代码。第 30 行代码通过加号（＋）在 list[0] 中的词（即前文所说的特殊词汇素）后面依次粘上全角圆括号左半边（（）、1 级词性信息（list[1]）、2 级词性信息（list[2]）、3 级词性信息（list[3]）、4 级词性信息（list[4]）和全角圆括号右半边（）），并将其赋值给变量 lemma。第 31 行代码对 lemmaslist 列表调用 append（）方法，将 lemma 中的特殊词汇素作为最后一个元素添加到 lemmaslist 当中。

第 32 行代码通过 print（）函数把 lemmaslist 列表打印出来查看。

第 33 行代码调用 FreqDist（）函数统计 lemmaslist 列表中不同词汇素的频次信息，并将各词汇素及其对应频次转化成一个可用 for 循环语句读取的字典赋值给变量 wordfreqdic。

第 34 行代码把数值 0 赋值给变量 totallemmas。

第 35 行代码创建一个空列表，并将其赋值给变量 collocations。

第 36 行代码把字符串"住む"（即指定的节点词）赋值给变量 nodeword。

第 37 行代码把数值 0 赋值给变量 totalnodewords。

第 38 行代码把数值 4（即窗口跨距）赋值给变量 width。

第 39～52 行代码是一个含有 for 循环语句的相对独立的代码块。具体说来，第 39 行代码中包含一个 range（）函数，该函数可生成 lemmaslist 列表中各个元素的索引号，即 0 到 lemmaslist 列表长度减 1 的整数。也就是说，第 39 行代码的整体意思是，从 lemmaslist 列表第 1 个元素的索引号 0 开始依次读取该列表中各个元素的索引号，每读取一个索引号后立即将其赋值给变量 n，并自动运行一次有缩进的第 40～52 行代码。其中，第 40 行代码调用 re 库的 sub（）函数将当前 lemmaslist[n]（即 lemmaslist 列表中的第 n＋1 个词汇素）中的括号及读音和词性信息删除后赋值给变量 lemma，即把该词汇素还原成了常规形态的词汇素。第41行代码设置了一个if条件:re.match('\w', lemma)。该条件从re库中调用match()函数,从起始位置开始匹配当前lemma中的非符号字符,以此确保当前lemma中的字符不是符号,而是一个词汇素。若满足该条件,则自动运行有缩进的第42行代码,即将totallemmas加1后再次赋值给变量totallemmas。第43行代码设置了另一个if条件:lemma == nodeword,意思是当前lemma中的词汇素为指定的节点词。若满足该条件,则自动运行有缩进的第44～52行代码。第44行代码将totalnodewords加1后再次赋值给变量totalnodewords。第45～52行代码构成一个包含if条件语句的相对独立的代码块。其中,第45行代码是一个if条件:n <= 3,即当前n中索引号的值小于或等于3。若满足该条件,则自动运行有缩进的第46～48行代码。第46行代码把lemmaslist列表中索引号为0至n-1的元素(即位于当前节点词前面的所有搭配词)和索引号为n+1至n+width的元素(即位于当前节点词后面的4个搭配词)合并成一个新列表后赋值给变量collocativewords。第47～48行代码构成一个相对独立的for循环语句。其中,第47行代码依次读取collocativewords列表中的各个元素(即搭配词),每读取一个元素后立即将其赋值给变量cw,并自动运行一次有缩进的第48行代码。第48行代码首先将nodeword中的节点词"住む"和当前cw中的搭配词组成一个元组(即候选搭配),然后对事先构建好的collocations列表调用append()方法,将该元组作为最后一个元素添加到collocations当中。另一方面,若不满足第45行代码中的if条件,则直接运行第49行代码及其下方有缩进的第50～52行代码。其中,第50行代码把lemmaslist列表中索引号为n-width至n-1的元素(即位于当前节点词前面的4个搭配词)和索引号为n+1至n+width的元素(即位于当前节点词后面的4个搭配词)合并成一个新列表后赋值给变量collocativewords。第51～52行代码构成一个相对独立的for循环语句。其中,第51行代码依次读取collocativewords列表中的各个元素(即搭配词),每读取一个元素后立即将其赋值给变量cw,并自动运行一次有缩进的第52行代码。第52行代码首先将nodeword中的节点词"住む"和当前cw中的搭配词组成一个元组(即候选搭配),然后对事先构建好的collocations列表调用append()方法,将该元组作为最后一个元素添加到collocations当中。

第 53 行代码通过 print( ) 函数把 collocations 列表打印出来查看(参考图 8-1)。不难看出,有些候选搭配中的搭配词为句号等符号,需要进行过滤处理。

```
Run:    collocationalstrength
    C:\Users\Lenovo\AppData\Local\Programs\Python\Python37-32\python.exe D:\我的科研\基于Python的日
    [('住む', '。(補助記号句点)'), ('住む', '僕(ボク代名詞)'), ('住む', '達(タチ接尾辞名詞の一般)'),
```

图 8-1　collocations 列表中的候选搭配

第 54 行代码构建了一个空列表,并把它赋值给变量 finalcollocations。

第 55~57 行代码又是一个包含 for 循环语句的相对独立的代码块。其中,第 55 行代码依次读取 collocations 列表中的各个元素(即元组形式的候选搭配),每读取一个元素后立即将其赋值给变量 c,并自动运行一次有缩进的第 56~57 行代码。第 56 行代码设置了一个 if 条件:re.match('\w', c[1])。该条件从 re 库中调用 match( ) 函数,从起始位置开始匹配当前 c 中候选搭配的第 2 个元素 c[1](即搭配词)中的非符号字符,以此确保搭配词不是某种符号,而是文字、数字或字母。若满足该条件,则会自动运行有缩进的第 57 行代码,即对事先构建好的 finalcollocations 列表调用 append( ) 方法,将当前 c 中的候选搭配作为最后一个元素添加到 finalcollocations 当中。这样一来,当第 55 行代码中的 for 循环语句运行结束之后,就过滤掉了 collocations 列表中那些夹杂了某种符号的不合格的候选搭配,并将剩余的合格候选搭配全部储存在了 finalcollocations 列表当中。

第 58 行代码调用 FreqDist( ) 函数统计 finalcollocations 列表中不同候选搭配的频次信息,并将各候选搭配及其对应频次转化成一个可用 for 循环语句读取的字典赋值给变量 collocationdic。

【第四步:根据公式自定义二词词块搭配强度自动计算函数】

在第三步当中,我们创建一个词汇素频次字典(即 wordfreqdic)和二词词块候选搭配频次字典(即 collocationdic),并计算了语料库的总词数(即 totallemmas)和节点词数量(即 totalnodewords)。接下来就可以基于这些数据计算各个节点词二词词块的搭配强度。但我们没有找到可以自动计算二词词块搭配强度的现成函数,所以在此根据公式自定义 T 值和 PMI 值这两种搭配强度的自动计算函数。具体代码如下:

```
59  from math import sqrt, log
60  def TScore_calculator(fAB, fA, fB, N):
61      return (fAB - fA * fB / N) / sqrt(fAB)
62  def PMIScore_calculator(fAB, fA, fB, N):
63      return log(fAB * N / (fA * fB), 2)
```

代码逐行解析：

第59行代码使用"from 库 import 函数"的代码形式把标准库 math 中的 sqrt( )函数和 log( )函数导入到当前 PyCharm 项目中备用。其中，sqrt( )函数用来求平方根，log( )函数则用来取对数。

第60~61行代码构成一个相对独立的代码块，实现 T 值自动计算函数的自定义工作。其中，第60行代码使用关键字 def 定义了一个名为"TScore_calculator"的函数。该函数中设置了4个参数（fAB、fA、fB 和 N），其意思分别为由 A、B 两词构成的二词词块在语料库中的共现频次、A 词在语料库中的实际频次、B 词在语料库中的实际频次、语料库的总词数。有缩进的第61行代码则根据公式（参考8.1节）计算二词词块的 T 值，并使用 return 返回该值。

第62~63行代码构成另一个相对独立的代码块，实现 PMI 值自动计算函数的自定义工作。其中，第62行代码使用关键字 def 定义了一个名为"PMIScore_calculator"的函数。该函数中设置了4个参数（fAB、fA、fB 和 N），其意思分别为由 A、B 两词构成的二词词块在语料库中的共现频次、A 词在语料库中的实际频次、B 词在语料库中的实际频次、语料库的总词数。有缩进的第63行代码则根据公式（参考8.1节）计算二词词块的 PMI 值，并使用 return 返回该值。

【第五步：基于搭配强度提取二词词块显著搭配并将其存入 Excel 表格】

在第四步当中，我们根据公式自定义了 T 值和 PMI 值这两种二词词块搭配强度的自动计算函数（即 TScore_calculator( )和 PMIScore_calculator( )）。接下来就可以结合第三步中获得的词汇素频次字典（即 wordfreqdic）、二词词块候选搭配频次字典（即 collocationdic）和语料库总词数（即 totallemmas）等来计算各个候选搭配的 T 值和 PMI 值，并筛选出其中的显著搭配存入 Excel 表格。具体代码如下：

```
64  import xlsxwriter
65  workbook = xlsxwriter.Workbook('collocationextractiontable.
```

```
xlsx')
66   worksheet = workbook.add_worksheet()
67   worksheet.write(0, 0, '二词词块搭配')
68   worksheet.write(0, 1, '共现频次')
69   worksheet.write(0, 2, 'T 值')
70   worksheet.write(0, 3, 'PMI 值')
71   row = 1
72   for c in collocationdic:
73       TScore = TScore_calculator(collocationdic[c], totalnodewords, wordfreqdic[c[1]], totallemmas)
74       PMIScore = PMIScore_calculator(collocationdic[c], totalnodewords, wordfreqdic[c[1]], totallemmas)
75       if TScore >= 2 and PMIScore >= 3:
76           c1 = re.sub('(.*', '', c[1])
77           worksheet.write(row, 0, nodeword + '-' + c1)
78           worksheet.write(row, 1, collocationdic[c])
79           worksheet.write(row, 2, TScore)
80           worksheet.write(row, 3, PMIScore)
81           row = row + 1
82   workbook.close()
```

代码逐行解析：

第 64 行代码使用"import 库"的代码形式把第三方库 xlsxwriter 导入当前 PyCharm 项目中，以供后续代码使用。

第 65 行代码调用 xlsxwriter 库中的 Workbook() 函数创建一个名为 "collocationextractiontable.xlsx"的 Excel 文件，并将其赋值给变量 workbook。

第 66 行代码对 workbook 文件调用 add_worksheet() 方法新增一个工作表，并将其赋值给变量 worksheet。

第 67～70 行代码对 worksheet 工作表调用 write() 方法，在其第 1 行的第 1、2、3、4 列单元格中分别写入字符串'二词词块搭配'、'共现频次'、'T 值'、'PMI 值'。

第 71 行代码把数值 1 赋值给行索引号变量 row。

第 72～81 行代码是一个包含 for 循环语句的相对独立的代码块。其中，第 72 行代码依次读取 collocationdic 字典中的各个键（即二词词块候选搭配），每读取一个键之后立即将其赋值给变量 c，并自动运行一次有缩进的第 73～81 行代码。第 73 行代码使用自定义的 TScore_calculator( )函数计算当前 c 中候选搭配的 T 值,并将其赋值给变量 TScore。第 74 行代码使用自定义的 PMIScore_calculator( )函数计算当前 c 中候选搭配的 PMI 值,并将其赋值给变量 PMIScore。第 75 行代码设置了两个用 and 连接起来的 if 条件:(1) TScore > = 2;(2) PMIScore > = 3,意思是 T 值大于或等于 2 且 PMI 值大于或等于 3。若满足该条件,则自动运行有缩进的第 76 ~ 81 行代码。其中,第 76 行代码调用 re 库的 sub( )函数将 c[1](即候选搭配中的第 2 个词汇素)中的括号及读音和词性信息删除后赋值给变量 c1,即把该词汇素还原成了常规形态的词汇素。第 77 ~ 80 行代码对 worksheet 工作表调用 write( )方法,在其第 row + 1 行的第 1、2、3、4 列单元格中分别写入当前候选搭配(在节点词和搭配词之间插入了一个小横杠)及其共现频次、T 值和 PMI 值。第 81 行代码将行索引号变量 row 的值加 1 后再次赋值给 row。如此一来,当第 72 行代码中的 for 循环语句运行结束之后,我们就筛选出了所有显著搭配,并将其存入了 Excel 表格当中(见图 8-2)。

第 82 行代码对当前的 workbook 文件调用 close( )方法将其关闭。

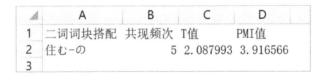

图 8-2　Excel 表格中的显著搭配

8.2.3　完整代码

入门版:

#【第一步:读取语料库中的日语语料】
```
1    from nltk.corpus import PlaintextCorpusReader
2    corpus_root = r'C:\Users\Lenovo\Desktop\语料库数据'
3    corpus = PlaintextCorpusReader(corpus_root, '.*')
4    filenameslist = corpus.fileids()
5    textdata = corpus.words(filenameslist)
6    textdata = ''.join(textdata)
7    print(textdata)
```
#【第二步:对日语语料进行分词处理并整理成嵌套列表】
```
8    import MeCab
```

```
9    import re
10   tokenizer = MeCab.Tagger(r"-d D:\我的科研\我的语料库和词汇表\unidic-cwj-3.1.1")
11   words = tokenizer.parse(textdata)
12   print(words)
13   words = words.strip()
14   words = re.split('\n', words)
15   words = words[0:-1]
16   print(words)
17   tokenslist = []
18   for word in words:
19       item = re.split('[\t,]', word)
20       tokenslist.append(item)
21   print(tokenslist)
```

#【第三步：基于嵌套列表创建词汇素和二词词块候选搭配频次字典并计算语料库总词数和节点词数量】

```
22   from nltk import FreqDist
23   lemmaslist = []
24   for list in tokenslist:
25       if len(list) >= 9:
26           lemma = re.sub('-.*', '', list[8])
27           lemma = lemma + "(" + list[7] + list[1] + list[2] + list[3] + list[4] + ")"
28           lemmaslist.append(lemma)
29       else:
30           lemma = list[0] + "(" + list[1] + list[2] + list[3] + list[4] + ")"
31           lemmaslist.append(lemma)
32   print(lemmaslist)
33   wordfreqdic = FreqDist(lemmaslist)
34   totallemmas = 0
35   collocations = []
36   nodeword = "住む"
37   totalnodewords = 0
38   width = 4
39   for n in range(len(lemmaslist)):
40       lemma = re.sub('(.*', '', lemmaslist[n])
41       if re.match('\w', lemma):
42           totallemmas = totallemmas + 1
```

```
43      if lemma = = nodeword:
44          totalnodewords = totalnodewords + 1
45          if n < = 3:
46              collocativewords = lemmaslist[0:n] + lemmaslist[n + 1:n + 1 + width]
47              for cw in collocativewords:
48                  collocations.append((nodeword, cw))
49          else:
50              collocativewords = lemmaslist[n - width:n] + lemmaslist[n + 1:n + 1 + width]
51              for cw in collocativewords:
52                  collocations.append((nodeword, cw))
53  print(collocations)
54  finalcollocations = []
55  for c in collocations:
56      if re.match('\w', c[1]):
57          finalcollocations.append(c)
58  collocationdic = FreqDist(finalcollocations)
```
#【第四步:根据公式自定义二词词块搭配强度自动计算函数】
```
59  from math import sqrt, log
60  def TScore_calculator(fAB, fA, fB, N):
61      return (fAB - fA * fB / N) / sqrt(fAB)
62  def PMIScore_calculator(fAB, fA, fB, N):
63      return log(fAB * N / (fA * fB), 2)
```
#【第五步:基于搭配强度提取二词词块显著搭配并将其存入Excel表格】
```
64  import xlsxwriter
65  workbook = xlsxwriter.Workbook('collocationextractiontable.xlsx')
66  worksheet = workbook.add_worksheet()
67  worksheet.write(0, 0, '二词词块搭配')
68  worksheet.write(0, 1, '共现频次')
69  worksheet.write(0, 2, 'T值')
70  worksheet.write(0, 3, 'PMI值')
71  row = 1
72  for c in collocationdic:
73      TScore = TScore_calculator(collocationdic[c], totalnodewords, wordfreqdic[c[1]], totallemmas)
74      PMIScore = PMIScore_calculator(collocationdic[c], totalnodewords, wordfreqdic[c[1]], totallemmas)
```

```
75      if TScore > = 2 and PMIScore > = 3:
76          c1 = re.sub('(.* ', '', c[1])
77          worksheet.write(row, 0, nodeword + '-' + c1)
78          worksheet.write(row, 1, collocationdic[c])
79          worksheet.write(row, 2, TScore)
80          worksheet.write(row, 3, PMIScore)
81          row = row + 1
82  workbook.close()
```

进阶版：

```
1   from nltk.corpus import PlaintextCorpusReader
2   import MeCab
3   import re
4   from nltk import FreqDist
5   from math import sqrt, log
6   import xlsxwriter
7   corpus = PlaintextCorpusReader(r'C:\Users\Lenovo\Desktop\语料库数据', '.*')
8   textdata = ''.join(corpus.words(corpus.fileids()))
9   tokenizer = MeCab.Tagger(r"-d D:\我的科研\我的语料库和词汇表\unidic-cwj-3.1.1")
10  words = re.split('\n', tokenizer.parse(textdata).strip())[0:-1]
11  tokenslist = [re.split('[\t,]', word) for word in words]
12  lemmaslist = []
13  for list in tokenslist:
14      if len(list) > = 9:
15          lemmaslist.append(re.sub('-.* ', '', list[8]) + "(" + list[7] + list[1] + list[2] + list[3] + list[4] + ")")
16      else:
17          lemmaslist.append(list[0] + "(" + list[1] + list[2] + list[3] + list[4] + ")")
18  wordfreqdic = FreqDist(lemmaslist)
19  totallemmas = 0
20  collocations = []
21  nodeword = "住む"
22  totalnodewords = 0
23  width = 4
24  for n in range(len(lemmaslist)):
```

```
25      if re.match('\w', re.sub('(.* ', '', lemmaslist[n])):
26          totallemmas + = 1
27      if re.sub('(.* ', '', lemmaslist[n]) = = nodeword:
28          totalnodewords + = 1
29          if n < = 3:
30              collocativewords = lemmaslist[0:n] + lemmaslist[n + 1:n + 1 + width]
31              collocations + = [(nodeword, cw) for cw in collocativewords]
32          else:
33              collocativewords = lemmaslist[n - width:n] + lemmaslist[n + 1:n + 1 + width]
34              collocations + = [(nodeword, cw) for cw in collocativewords]
35  finalcollocations = [c for c in collocations if re.match('\w', c[1])]
36  collocationdic = FreqDist(finalcollocations)
37  def TScore_calculator(fAB, fA, fB, N):
38      return (fAB - fA * fB / N) / sqrt(fAB)
39  def PMIScore_calculator(fAB, fA, fB, N):
40      return log(fAB * N / (fA * fB), 2)
41  workbook = xlsxwriter.Workbook('collocationextractiontable.xlsx')
42  worksheet = workbook.add_worksheet()
43  worksheet.write(0, 0, '二词词块搭配')
44  worksheet.write(0, 1, '共现频次')
45  worksheet.write(0, 2, 'T值')
46  worksheet.write(0, 3, 'PMI值')
47  row = 1
48  for c in collocationdic:
49      TScore = TScore_calculator(collocationdic[c], totalnodewords, wordfreqdic[c[1]], totallemmas)
50      PMIScore = PMIScore_calculator(collocationdic[c], totalnodewords, wordfreqdic[c[1]], totallemmas)
51      if TScore > = 2 and PMIScore > = 3:
52          worksheet.write(row, 0, nodeword + '-' + re.sub('(.* ', '', c[1]))
53          worksheet.write(row, 1, collocationdic[c])
54          worksheet.write(row, 2, TScore)
```

```
55            worksheet.write(row, 3, PMIScore)
56            row += 1
57   workbook.close()
```

8.3 基于句子单位的二词词块显著搭配全额提取编程实现

8.3.1 所用语料与编程步骤

所用语料为前面使用过的微型语料库,库中包含3个写有日语文章的纯文本文件。该语料库的绝对路径为"C:\Users\Lenovo\Desktop\语料库数据"。然后,编程时的主要步骤如下:

第一步:读取语料库中的日语语料;

第二步:对日语语料进行分词处理并整理成嵌套列表;

第三步:基于嵌套列表创建词汇素和二词词块候选搭配频次字典并计算语料库总词数;

第四步:根据公式自定义二词词块搭配强度自动计算函数;

第五步:基于搭配强度提取二词词块显著搭配并将其存入 Excel 表格。

8.3.2 分步代码

【第一步:读取语料库中的日语语料】

该步与"4.3 基于 UniDic 词典的词表制作编程实现"的第一步完全相同,不再赘述。

【第二步:对日语语料进行分词处理并整理成嵌套列表】

该步与"4.3 基于 UniDic 词典的词表制作编程实现"的第二步完全相同,不再赘述。

【第三步:基于嵌套列表创建词汇素和二词词块候选搭配频次字典并计算语料库总词数】

到第二步为止,我们已通过21行代码完成日语语料分词处理,并将分词结果整理成了一个嵌套列表(即 tokenslist)。接下来需基于该嵌套列表创建词汇素频次字典、二词词块候选搭配频次字典,并计算语料库总词数,以此为二词词块搭配强度的计算提供基本数据。具体代码如下:

```
22  from nltk import FreqDist
23  lemmaslist = []
24  for list in tokenslist:
25      if len(list) >= 9:
26          lemma = re.sub('-.* ', '', list[8])
27          lemma = lemma + "(" + list[7] + list[1] + list[2] + list[3] + list[4] + ")"
28          lemmaslist.append(lemma)
29      else:
30          lemma = list[0] + "(" + list[1] + list[2] + list[3] + list[4] + ")"
31          lemmaslist.append(lemma)
32  print(lemmaslist)
33  wordfreqdic = FreqDist(lemmaslist)
34  endings =['。','？','！','.']
35  totallemmas = 0
36  sentencelist = []
37  startnumber = 0
38  for n in range(len(lemmaslist)):
39      if re.match('\w', lemmaslist[n]):
40          totallemmas = totallemmas + 1
41      if lemmaslist[n][0] in endings:
42          sentence = lemmaslist[startnumber:n + 1]
43          sentencelist.append(sentence)
44          startnumber = startnumber + len(sentence)
45  collocations = []
46  for sentence in sentencelist:
47      for n in range(len(sentence)):
48          for m in range(n + 1, len(sentence)):
49              collocations.append((sentence[n], sentence[m]))
50  print(collocations)
51  finalcollocations = []
52  for c in collocations:
53      if re.match('\w', c[0]) and re.match('\w', c[1]):
54          finalcollocations.append(c)
55  collocationdic = FreqDist(finalcollocations)
```

代码逐行解析：

第 22 行代码使用"from 库 import 函数"的代码形式把第三方库 nltk 中的

FreqDist()函数导入到当前 PyCharm 项目中,以供后续代码使用。

第 23 行代码构建了一个空列表,并把它赋值给变量 lemmaslist。

第 24~31 行代码是一个包含 for 循环语句的相对独立的代码块。其中,第 24 行代码依次读取 tokenslist 列表中的各个元素(类型为列表),每读取一个元素后立即将其赋值给变量 list,并自动运行一次有缩进的第 25~31 行代码。第 25 行代码设置了一个 if 条件:len(list) >= 9,该条件调用 len()函数测量 list 列表的长度(即列表中的元素个数),并要求其大于或等于 9,以此确保第 26 行代码中 list[8]元素(即词汇素)的存在。若满足该条件,则会自动运行有缩进的第 26~28 行代码。第 26 行代码从 re 库中调用 sub()函数,把 list[8]词汇素中由小横杠和任意字符组成的字符串删除后返回剩余的词汇素,并将其赋值给变量 lemma。第 27 行代码通过加号(+)在 lemma 中的词汇素后面依次粘上全角圆括号左半边(()、读音信息(list[7])、1 级词性信息(list[1])、2 级词性信息(list[2])、3 级词性信息(list[3])、4 级词性信息(list[4])和全角圆括号右半边()),并将其再次赋值给变量 lemma。第 28 行代码则对事先构建好的 lemmaslist 列表调用 append()方法,将 lemma 中带有读音和词性信息的词汇素作为最后一个元素添加到 lemmaslist 当中。另一方面,若不满足第 25 行代码中的条件,则直接运行第 29 行代码及其下方有缩进的第 30~31 行代码。第 30 行代码通过加号(+)在 list[0]中的词(即前文所说的特殊词汇素)后面依次粘上全角圆括号左半边(()、1 级词性信息(list[1])、2 级词性信息(list[2])、3 级词性信息(list[3])、4 级词性信息(list[4])和全角圆括号右半边()),并将其赋值给变量 lemma。第 31 行代码对 lemmaslist 列表调用 append()方法,将 lemma 中的特殊词汇素作为最后一个元素添加到 lemmaslist 当中。

第 32 行代码通过 print()函数把 lemmaslist 列表打印出来查看。

第 33 行代码调用 FreqDist()函数统计 lemmaslist 列表中不同词汇素的频次信息,并将各词汇素及其对应频次转化成一个可用 for 循环语句读取的字典赋值给变量 wordfreqdic。

第 34 行代码构建了一个以句号(。)等日语文本中可能使用的结句符号为元素的列表,并将其赋值给变量 endings。

第35行代码把数值0赋值给变量totallemmas。

第36行代码创建一个空列表,并将其赋值给变量sentencelist。

第37行代码把数值0赋值给变量startnumber。

第38~44行代码是一个含有for循环语句的相对独立的代码块。具体说来,第38行代码中包含一个range()函数,该函数可生成lemmaslist列表中各个元素的索引号,即0到lemmaslist列表长度减1的整数。也就是说,第38行代码的整体意思是,从lemmaslist列表第1个元素的索引号0开始依次读取该列表中各个元素的索引号,每读取一个索引号后立即将其赋值给变量n,并自动运行一次有缩进的第39~44行代码。其中,第39行代码设置了一个if条件:re.match('\w', lemmaslist[n])。该条件从re库中调用match()函数,从起始位置开始匹配lemmaslist列表第n+1个元素中的非符号字符,以此确保当前元素不是某种符号,而是一个词汇素。若满足该条件,则自动运行有缩进的第40行代码。该行代码将当前totallemmas的值加1后再次赋值给变量totallemmas。第41行代码设置了另一个if条件:lemmaslist[n][0] in endings,意思是lemmaslist列表第n+1个元素中的第1个字符是一个日语结句符号,即当前元素为日语结句符号。若满足该条件,则自动运行有缩进的第42~44行代码。第42行代码将lemmaslist列表中索引号为当前startnumber中的整数至n的元素(这些元素刚好构成一个完整的日语句子)切片出来构成一个新列表赋值给变量sentence。第43行代码对事先构建好的sentencelist列表调用append()方法,将sentence列表中的日语句子作为最后一个元素添加到sentencelist当中。由此可知,此时的sentencelist列表构成了一个嵌套列表,即sentencelist列表中的元素是由日语句子构成的一个个列表。第44行代码则将当前startnumber中的值加上sentence列表的长度后再次赋值给变量startnumber,即此时的startnumber更新为lemmaslist列表中下一个日语句子起始词汇素的索引号。如此一来,当第38行代码中的for循环语句运行结束之后,totallemmas中储存的数值就是语料库的总词数,而sentencelist列表则以嵌套列表的形式储存了语料库中的所有日语句子。

第45行代码创建一个空列表,并将其赋值给变量collocations。

第46~49行代码是一个嵌套了3个for循环语句的相对独立的代码块。具体说来，第46行代码依次读取sentencelist列表中的各个元素（即以列表形式存在的各个日语句子），每读取一个元素后立即将其赋值给变量sentence，并自动运行一次有缩进的第47~49行代码。第47行代码包含一个range()函数。该行代码的整体意思是，从当前sentence列表第1个元素（即sentence中日语句子的第1个词汇素）的索引号0开始依次读取该列表中各个元素的索引号，每读取一个索引号后立即将其赋值给变量n，并自动运行一次有缩进的第48~49行代码。第48行代码首先通过range()函数生成n+1（即sentence列表第n+2个元素的索引号）至当前sentence列表最后一个元素的索引号，然后依次读取这些索引号，且每读取一个索引号后立即将其赋值给变量m，并自动运行一次有缩进的第49行代码。第49行代码首先把当前sentence列表中索引号为n的元素和索引号为m的元素组成一个元组，然后对事先构建好的collocations列表调用append()方法，将该元组作为最后一个元素添加到collocations列表当中。如此一来，当第46行代码中的for循环语句运行结束之后，sentencelist列表储存的各个日语句子中的候选搭配就全部以元组的形式储存在collocations列表当中了。

第50行代码通过print()函数把collocations列表打印出来查看（见图8-3）。不难发现，有些候选搭配中的元素是句号等符号，还需要进行过滤处理。

```
C:\Users\Lenovo\AppData\Local\Programs\Python\Python37-32\python.exe
D:\我的科研\基于Python的日语数字人文\技术编程\collocationalstrength.py
[('地球（チキュウ名詞普通名詞一般）', 'の（ノ助詞格助詞）'), ('地球（チキュウ名詞普通名詞一般）', '悲鳴
（ウ名詞普通名詞一般）', 'が（ガ助詞格助詞）'), ('地球（チキュウ名詞普通名詞一般）', '君（キミ代名詞）'),
'ニ助詞格助詞）'), ('地球（チキュウ名詞普通名詞一般）', '聞こえる（キコエル動詞一般）'), ('地球（チキュウ
'), ('地球（チキュウ名詞普通名詞一般）', '「（補助記号括弧開）'), ('地球（チキュウ名詞普通名詞一般）',
（チキュウ名詞普通名詞一般）', '、（補助記号読点）'), ('地球（チキュウ名詞普通名詞一般）', '海（ウミ名
名詞一般）', 'が（ガ助詞格助詞）'), ('地球（チキュウ名詞普通名詞一般）', '泣く（ナク動詞一般）'), ('地球
接続助詞）'), ('地球（チキュウ名詞普通名詞一般）', '居る（イル動詞非自立可能）'), ('地球（チキュウ名詞普
の（ノ助詞格助詞）', '悲鳴（ヒメイ名詞普通名詞一般）'), ('の（ノ助詞格助詞）', 'が（ガ助詞格助詞）'),
（'の（ノ助詞格助詞）', 'に（ニ助詞格助詞）'), ('の（ノ助詞格助詞）', '聞こえる（キコエル動詞一般）'),
'), ('の（ノ助詞格助詞）', '「（補助記号括弧開）'), ('の（ノ助詞格助詞）', '今（イマ名詞普通名詞副詞可能
号読点）'), ('の（ノ助詞格助詞）', '海（ウミ名詞普通名詞一般）'), ('の（ノ助詞格助詞）', 'が（ガ助詞格助
ク動詞一般）'), ('の（ノ助詞格助詞）', 'て（テ助詞接続助詞）'), ('の（ノ助詞格助詞）', '居る（イル動
```

图8-3　collocations列表中的候选搭配

第51行代码构建了一个空列表，并把它赋值给变量finalcollocations。

第52~54行代码是另一个包含for循环语句的相对独立的代码块。其中，第52

行代码依次读取collocations列表中的各个元素(即元组形式的候选搭配,参考图8-3),每读取一个元素后立即将其赋值给变量c,并自动运行一次有缩进的第53~54行代码。第53行代码设置了两个用and连接起来的if条件:(1) re.match('\w', c[0]),(2) re.match('\w', c[1])。该条件从re库中调用match()函数,从起始位置开始匹配当前候选搭配元组c第1个元素和第2个元素中的非符号字符,以此确保当前候选搭配中的两个元素均不是符号,即均为某种文字、数字或字母。若同时满足这两个条件,则自动运行有缩进的第54行代码,即对事先构建好的finalcollocations列表调用append()方法,将当前c中的候选搭配元组作为最后一个元素添加到finalcollocations当中。这样一来,当第52行代码中的for循环语句运行结束之后,就过滤掉了collocations列表中那些夹杂了某种符号的不合格的候选搭配,并将剩余的合格候选搭配全部储存在finalcollocations列表当中了。

第55行代码调用FreqDist()函数统计finalcollocations列表中不同候选搭配的频次信息,并将各候选搭配及其对应频次转化成一个可用for循环语句读取的字典赋值给变量collocationdic。

【第四步:根据公式自定义二词词块搭配强度自动计算函数】

该步与"8.2 基于指定节点词和窗口跨距的二词词块显著搭配提取"的第四步完全相同,不再赘述。

【第五步:基于搭配强度提取二词词块显著搭配并将其存入Excel表格】

该步与"8.2 基于指定节点词和窗口跨距的二词词块显著搭配提取"的第五步十分类似,不再赘述。

8.3.3 完整代码

入门版:

#【第一步:读取语料库中的日语语料】
```
1   from nltk.corpus import PlaintextCorpusReader
2   corpus_root = r'C:\Users\Lenovo\Desktop\语料库数据'
3   corpus = PlaintextCorpusReader(corpus_root, '.*')
4   filenameslist = corpus.fileids()
5   textdata = corpus.words(filenameslist)
```

```
6    textdata = ''.join(textdata)
7    print(textdata)
#【第二步:对日语语料进行分词处理并整理成嵌套列表】
8    import MeCab
9    import re
10   tokenizer = MeCab.Tagger(r"-d D:\我的科研\我的语料库和词汇表\unidic-cwj-3.1.1")
11   words = tokenizer.parse(textdata)
12   print(words)
13   words = words.strip()
14   words = re.split('\n', words)
15   words = words[0:-1]
16   print(words)
17   tokenslist = []
18   for word in words:
19       item = re.split('[ \t,]', word)
20       tokenslist.append(item)
21   print(tokenslist)
#【第三步:基于嵌套列表创建词汇素和二词词块候选搭配频次字典并计算语料库总词数】
22   from nltk import FreqDist
23   lemmaslist = []
24   for list in tokenslist:
25       if len(list) >= 9:
26           lemma = re.sub('-.*', '', list[8])
27           lemma = lemma + "(" + list[7] + list[1] + list[2] + list[3] + list[4] + ")"
28           lemmaslist.append(lemma)
29       else:
30           lemma = list[0] + "(" + list[1] + list[2] + list[3] + list[4] + ")"
31           lemmaslist.append(lemma)
32   print(lemmaslist)
33   wordfreqdic = FreqDist(lemmaslist)
34   endings = ['。', '?', '!', '.']
35   totallemmas = 0
36   sentencelist = []
37   startnumber = 0
38   for n in range(len(lemmaslist)):
```

```
39      if re.match('\w', lemmaslist[n]):
40          totallemmas = totallemmas + 1
41      if lemmaslist[n][0] in endings:
42          sentence = lemmaslist[startnumber:n + 1]
43          sentencelist.append(sentence)
44          startnumber = startnumber + len(sentence)
45  collocations = []
46  for sentence in sentencelist:
47      for n in range(len(sentence)):
48          for m in range(n + 1, len(sentence)):
49              collocations.append((sentence[n], sentence[m]))
50  print(collocations)
51  finalcollocations = []
52  for c in collocations:
53      if re.match('\w', c[0]) and re.match('\w', c[1]):
54          finalcollocations.append(c)
55  collocationdic = FreqDist(finalcollocations)
```
#【第四步:根据公式自定义二词词块搭配强度自动计算函数】
```
56  from math import sqrt, log
57  def TScore_calculator(fAB, fA, fB, N):
58      return (fAB - fA * fB / N) / sqrt(fAB)
59  def PMIScore_calculator(fAB, fA, fB, N):
60      return log(fAB * N / (fA * fB), 2)
```
#【第五步:基于搭配强度提取二词词块显著搭配并将其存入 Excel 表格】
```
61  import xlsxwriter
62  workbook = xlsxwriter.Workbook('collocationextractiontable.xlsx')
63  worksheet = workbook.add_worksheet()
64  worksheet.write(0, 0, '二词词块搭配')
65  worksheet.write(0, 1, '共现频次')
66  worksheet.write(0, 2, 'T 值')
67  worksheet.write(0, 3, 'PMI 值')
68  row = 1
69  for c in collocationdic:
70      TScore = TScore_calculator(collocationdic[c], wordfreqdic[c[0]], wordfreqdic[c[1]], totallemmas)
71      PMIScore = PMIScore_calculator(collocationdic[c], wordfreqdic[c[0]], wordfreqdic[c[1]], totallemmas)
72      if TScore >= 2 and PMIScore >= 3:
```

```
73              c0 = re.sub('(.* ', '', c[0])
74              c1 = re.sub('(.* ', '', c[1])
75              worksheet.write(row, 0, c0 + '-' + c1)
76              worksheet.write(row, 1, collocationdic[c])
77              worksheet.write(row, 2, TScore)
78              worksheet.write(row, 3, PMIScore)
79              row = row + 1
80  workbook.close()
```

进阶版：

```
1   from nltk.corpus import PlaintextCorpusReader
2   import MeCab
3   import re
4   from nltk import FreqDist
5   from math import sqrt, log
6   import xlsxwriter
7   corpus = PlaintextCorpusReader(r'C:\Users\Lenovo\Desktop\语料库
数据', '.*')
8   textdata = ''.join(corpus.words(corpus.fileids()))
9   tokenizer = MeCab.Tagger(r"-d D:\我的科研\我的语料库和词汇表\
unidic-cwj-3.1.1")
10  words = re.split('\n', tokenizer.parse(textdata).strip())[0:-
1]
11  tokenslist = [re.split('[\t,]', word) for word in words]
12  lemmaslist = []
13  for list in tokenslist:
14      if len(list) >= 9:
15          lemmaslist.append(re.sub('-.* ', '', list[8]) + "(" +
list[7] + list[1] + list[2] + list[3] + list[4] + ")")
16      else:
17          lemmaslist.append(list[0] + "(" + list[1] + list[2] +
list[3] + list[4] + ")")
18  wordfreqdic = FreqDist(lemmaslist)
19  endings = ['。', '？', '！', '.']
20  totallemmas = 0
21  sentencelist = []
22  startnumber = 0
23  for n in range(len(lemmaslist)):
24      if re.match('\w', lemmaslist[n]):
```

```
25          totallemmas += 1
26      if lemmaslist[n][0] in endings:
27          sentencelist.append(lemmaslist[startnumber:n + 1])
28          startnumber = startnumber + len(lemmaslist[startnumber:n + 1])
29  collocations = []
30  for sentence in sentencelist:
31      for n in range(len(sentence)):
32          for m in range(n + 1, len(sentence)):
33              collocations.append((sentence[n], sentence[m]))
34  finalcollocations = [c for c in collocations if re.match('\w', c[0]) and re.match('\w', c[1])]
35  collocationdic = FreqDist(finalcollocations)
36  def TScore_calculator(fAB, fA, fB, N):
37      return (fAB - fA * fB / N) / sqrt(fAB)
38  def PMIScore_calculator(fAB, fA, fB, N):
39      return log(fAB * N / (fA * fB), 2)
40  workbook = xlsxwriter.Workbook('collocationextractiontable.xlsx')
41  worksheet = workbook.add_worksheet()
42  worksheet.write(0, 0, '二词词块搭配')
43  worksheet.write(0, 1, '共现频次')
44  worksheet.write(0, 2, 'T值')
45  worksheet.write(0, 3, 'PMI值')
46  row = 1
47  for c in collocationdic:
48      TScore = TScore_calculator(collocationdic[c], wordfreqdic[c[0]], wordfreqdic[c[1]], totallemmas)
49      PMIScore = PMIScore_calculator(collocationdic[c], wordfreqdic[c[0]], wordfreqdic[c[1]], totallemmas)
50      if TScore >= 2 and PMIScore >= 3:
51          worksheet.write(row, 0, re.sub('(.*', '', c[0]) + '-' + re.sub('(.*', '', c[1]))
52          worksheet.write(row, 1, collocationdic[c])
53          worksheet.write(row, 2, TScore)
54          worksheet.write(row, 3, PMIScore)
55          row += 1
56  workbook.close()
```

8.4 基于依存关系的动宾词块显著搭配提取编程实现

8.4.1 所用语料与编程步骤

所用语料为前面使用过的微型语料库，库中包含 3 个写有日语文章的纯文本文件。该语料库的绝对路径为"C:\Users\Lenovo\Desktop\语料库数据"。然后，编程时的主要步骤如下：

第一步：读取语料库中的日语语料并创建句子列表；
第二步：分析依存关系并创建词汇素和动宾词块候选搭配频次字典等；
第三步：根据公式自定义动宾词块搭配强度自动计算函数；
第四步：基于搭配强度提取动宾词块显著搭配并将其存入 Excel 表格。

8.4.2 分步代码

【第一步：读取语料库中的日语语料并创建句子列表】

日语文本数据是提取显著搭配的原材料，所以编程的第一步为读取目标语料库中的全部日语语料数据。并且，为了之后能够逐一分析每个句子的依存关系，需将读取的日语语料先分隔为句子列表。具体代码如下：

```
1    from nltk.corpus import PlaintextCorpusReader
2    import re
3    corpus_root = r'C:\Users\Lenovo\Desktop\语料库数据'
4    corpus = PlaintextCorpusReader(corpus_root, '.*')
5    filenameslist = corpus.fileids()
6    textdata = corpus.words(filenameslist)
7    textdata = ''.join(textdata)
8    print(textdata)
9    sentlist = re.split('[。?!.]', textdata)
10   while '' in sentlist:
11       sentlist.remove('')
12   print(sentlist)
```

代码逐行解析：

第 1 行代码使用"from 库中工具 import 函数"的代码形式把第三方库 nltk 中 corpus 工具的 PlaintextCorpusReader()函数导入到当前 PyCharm 项目中备用。

第 2 行代码通过"import 库"的代码形式把标准库 re 导入到当前项目中备用。

第 3 行代码把需读取的目标语料库的绝对路径赋值给变量 corpus_root。

第 4 行代码通过 PlaintextCorpusReader()函数读取目标语料库中的所有文件,并把这些文件组成一个语料库赋值给变量 corpus。具体说来,PlaintextCorpusReader()函数附带两个参数,第 1 个参数指定了目标语料库的绝对路径,第 2 个参数指定了目标语料库中需读取的目标文件名称(此处使用一个正则表达式(.*)指定了任意文件名,即读取目标语料库中的所有文件)。

第 5 行代码对 corpus 调用 fileids()方法,以此读取 corpus 中所有文件的名称,并把这些文件名称组成一个列表赋值给变量 filenameslist。

第 6 行代码调用 corpus 的 words()方法对 filenameslist(作为 words()方法的参数)列表中的文件内容(即文件中的日语语料)进行分词处理,并把分解出来的单词组成一个列表赋值给变量 textdata。需加以强调的是,words()方法是一种专门针对英文的分词方法,即会以空白和标点符号作为分隔符进行分词。所以此处分词处理并不是为了对日语语料进行准确分词,而是为了较为便捷地一次性读取目标语料库所有文件中的日语语料。

第 7 行代码调用了 join()方法,使用一个空字符串(即英文句号前面的'')把作为 join()方法参数的 textdata 列表中的所有元素连成一个字符串,并将其再次赋值给变量 textdata,即 textdata 的内容进行了更新。至此,我们把目标语料库中的所有日语语料读取到了字符串 textdata 当中。

第 8 行代码使用 print()函数把 textdata 字符串的具体内容打印出来查看。

第 9 行代码通过 re 库中的 split()函数以 4 个结句符号(。?!.)为分隔符把 textdata 中的字符串分隔成一个一个的句子,并将这些句子作为元素组成一个列表赋值给变量 sentlist。

第 10~11 行代码是一个包含 while 循环语句的相对独立的代码块。其中,第 10 行代码中设置了一个 while 条件:'' in sentlist,即空字符串存在于 sentlist 列表当中,也就是 sentlist 列表中存在空字符串元素。若满足该条件,则运行一次有缩进的第 11 行代码。该行代码对 sentlist 列表调用以空字符串(' ')为参数的 remove() 方法,以此删除该列表中的一个空字符串①。第 11 行代码运行一次之后会自动返回第 10 行代码再次执行条件判断。若仍然满足条件,则再运行一次第 11 行代码,并返回第 10 行代码继续执行条件判断……如此循环,直至第 10 行代码中的 while 条件不再成立,循环语句才结束运行。这样一来,当 while 循环语句运行结束之后,sentlist 列表中的所有空字符串元素就都被删除了。

第 12 行代码使用 print() 函数把 sentlist 列表的具体内容打印出来查看。

【第二步:分析依存关系并创建词汇素和动宾词块候选搭配频次字典等】

在第一步当中,我们成功地把读取的日语语料数据分隔成了一个句子列表(即 sentlist)。接下来就可以对该列表中的每个句子进行依存关系分析,并在此基础上创建词汇素频次字典和动宾词块候选搭配频次字典,同时计算语料库总词数。具体代码如下:

```
13    import unidic2ud
14    from nltk import FreqDist
15    objcollist = []
16    lemmalist = []
17    nlp = unidic2ud.load("gendai")
18    for s in sentlist:
19        udres = nlp(s)
20        for i in range(1, len(udres)):
21            line = udres[i]
22            headid = line.head.id
23            depline = udres[headid]
24            if re.match('\w', line.lemma):
25                lemmalist.append(line.lemma)
26            if line.deprel == 'obj' and line.upos == 'NOUN' and depline.upos == 'VERB':
27                objcollist.append((line.lemma, depline.lemma))
28    print(objcollist)
```

---

①若不提前删除 sentlist 列表中的所有空字符串元素,后续代码会报错。

```
29    totallemmas = len(lemmalist)
30    lemmadic = FreqDist(lemmalist)
31    objcoldic = FreqDist(objcollist)
```

代码逐行解析：

第 13 行代码通过"import 库"的代码形式把第三方库 unidic2ud 导入到当前 PyCharm 项目中备用。

第 14 行代码使用"from 库 import 函数"的代码形式把第三方库 nltk 中的 FreqDist( )函数导入到当前 PyCharm 项目中备用。

第 15 行代码创建一个空列表，并将其赋值给变量 objcollist。

第 16 行代码创建一个空列表，并将其赋值给变量 lemmalist。

第 17 行代码调用 unidic2ud 库中的 load( ) 函数创建一个依存关系分析器，并将其赋值给变量 nlp。load( ) 函数中的参数为 "gendai"，即在分词时使用 UniDic 系列词典中的《现代书面语词典》①。

第 18~27 行代码是一个包含 for 循环语句的相对独立的代码块。其中，第 18 行代码依次读取 sentlist 列表中的各个元素（即每个句子），每读取一个元素后立即将其赋值给变量 s，并自动运行一次有缩进的第 19~27 行代码。第 19 行代码使用依存关系分析器 nlp 对当前 s（作为 nlp( ) 的参数）中的句子进行依存关系分析，并将分析结果赋值给变量 udres。一般说来，依存关系分析结果的基本结构如图 8-4 所示。

```
# text = 今日はご飯を食べない
1    今日  今日  NOUN  名詞-普通名詞-副詞可能  _  5  nsubj  _  SpaceAfter=No
2    は    は    ADP   助詞-係助詞           _  1  case   _  SpaceAfter=No|Translit=ハ
3    ご飯  御飯  NOUN  名詞-普通名詞-一般    _  5  obj    _  SpaceAfter=No|Tra
4    を    を    ADP   助詞-格助詞          _  3  case   _  SpaceAfter=No|Translit=ヲ
5    食べ  食べる VERB  動詞-一般            _  0  root   _  SpaceAfter=No|Tra
6    ない  ない  AUX   助動詞               _  5  aux    _  SpaceAfter=No|Translit=ナイ
```

图 8-4　依存关系分析结果示例

---

① 可通过调整该参数来使用其他词典，详情见网址 https://github.com/KoichiYasuoka/UniDic2UD。

由图 8-4 可知，第一行为被分析的句子。第二行到最后一行分别为该句子中的各个单词及其相关信息。譬如，第四行当中包含了与单词"ご飯"相关的各种信息。具体说来，"ご飯"所在行的行号（id）为"3"，其原始形态（form）为"ご飯"，词汇素（lemma）为"御飯"，词性（upos）为"NOUN"，依存的单词（即"食べ"）所在的行号（head.id）为"5"，与所依存单词的句法关系（deprel）为"obj"。然后，第 20~27 行代码又是一个包含 for 循环语句的相对独立的代码块。其中，第 20 行代码中含有一个 range( ) 函数，函数中的第 1 个参数为 1，第 2 个参数为 udres 的长度（即行数），即可生成 udres 结果中各个单词所在的行号。也就是说，第 20 行代码的整体意思是，依次读取 udres 结果中各个单词所在的行号，每读取一个行号后立即将其赋值给变量 i，并自动运行一次有缩进的第 21~27 行代码。第 21 行代码提取出 udres 结果中行号为当前 i 的行，并将其赋值给变量 line。第 22 行代码获取当前 line 中单词的依存单词所在的行号，并将其赋值给变量 headid。第 23 行代码提取出 udres 结果中行号为 headid 的行（即依存单词所在的行），并将其赋值给变量 depline。第 24~25 行代码是一个含有 if 条件语句的相对独立的代码块。其中，第 24 行代码设置了一个 if 条件：re.match('\w', line.lemma)，该条件从 re 库中调用 match( ) 函数，从起始位置开始匹配当前 line 中单词的词汇素（line.lemma）所含有的非符号字符，以此确保该词汇素不是某种符号，而是一个词。若匹配成功，则自动运行有缩进的第 25 行代码，将当前 line 中单词的词汇素作为最后一个元素添加到 lemmalist 列表当中。第 26~27 行代码又是一个含有 if 条件语句的相对独立的代码块。第 26 行代码设置了 3 个用 and 连接起来的 if 条件：(1) line.deprel == 'obj'；(2) line.upos == 'NOUN'；(3) depline.upos == 'VERB'。其中，第 1 个条件要求当前 line 中单词与其依存单词的句法关系为动宾关系，第 2 个条件要求当前 line 中单词的词性为名词，第 3 个条件要求当前 depline 中依存单词的词性为动词。若同时满足这 3 个条件，则自动运行有缩进的第 27 行代码。该行代码首先将当前 line 中单词的词汇素和 depline 中依存单词的词汇素组成一个元组，然后对事先创建好的 objcollist 列表调用 append( ) 方法，将该元组作为最后一个元素添加到 objcollist 当中。

第 28 行代码使用 print( ) 函数把 objcollist 列表的具体内容打印出来查看（参考

图 8-5)。

```
collocation_extractor
C:\Users\Lenovo\AppData\Local\Programs\Python\Python37-32\pyth
[('木', '切る'), ('類', '取る'), ('宅地', '作る'), ('姿', '消す'),

Process finished with exit code 0
```

图 8-5　objcollist 列表中的前 4 个元素

第 29 行代码使用 len( ) 函数测量 lemmalist 列表的长度，以此获得语料库总词数，并将其赋值给变量 totallemmas。

第 30 行代码使用 FreqDist( ) 函数统计 lemmalist 列表中不同词汇素的频次信息，并将各词汇素及其对应频次转化成一个可用 for 循环语句读取的字典赋值给变量 lemmadic。

第 31 行代码使用 FreqDist( ) 函数统计 objcollist 列表中不同候选搭配的频次信息，并将各候选搭配及其对应频次转化成一个可用 for 循环语句读取的字典赋值给变量 objcoldic。

【第三步：根据公式自定义动宾词块搭配强度自动计算函数】

该步与"8.2 基于指定节点词和窗口跨距的二词词块显著搭配提取"的第四步完全相同，不再赘述。

【第四步：基于搭配强度提取动宾词块显著搭配并将其存入 Excel 表格】

该步与"8.2 基于指定节点词和窗口跨距的二词词块显著搭配提取"的第五步十分类似，不再赘述。

8.4.3　完整代码

入门版：

```
#【第一步：读取语料库中的日语语料并创建句子列表】
1    from nltk.corpus import PlaintextCorpusReader
2    import re
3    corpus_root = r'C:\Users\Lenovo\Desktop\语料库数据'
4    corpus = PlaintextCorpusReader(corpus_root, '.*')
```

```
5   filenameslist = corpus.fileids()
6   textdata = corpus.words(filenameslist)
7   textdata = ''.join(textdata)
8   print(textdata)
9   sentlist = re.split('[。?!.]', textdata)
10  while '' in sentlist:
11      sentlist.remove('')
12  print(sentlist)
```
#【第二步:分析依存关系并创建词汇素和动宾词块候选搭配频次字典等】
```
13  import unidic2ud
14  from nltk import FreqDist
15  objcollist = []
16  lemmalist = []
17  nlp = unidic2ud.load("gendai")
18  for s in sentlist:
19      udres = nlp(s)
20      for i in range(1, len(udres)):
21          line = udres[i]
22          headid = line.head.id
23          depline = udres[headid]
24          if re.match('\w', line.lemma):
25              lemmalist.append(line.lemma)
26          if line.deprel == 'obj' and line.upos == 'NOUN' and dep
line.upos == 'VERB':
27              objcollist.append((line.lemma, depline.lemma))
28  print(objcollist)
29  totallemmas = len(lemmalist)
30  lemmadic = FreqDist(lemmalist)
31  objcoldic = FreqDist(objcollist)
```
#【第三步:根据公式自定义动宾词块搭配强度自动计算函数】
```
32  from math import sqrt, log
33  def TScore_calculator(fAB, fA, fB, N):
34      return (fAB - fA * fB / N) / sqrt(fAB)
35  def PMIScore_calculator(fAB, fA, fB, N):
36      return log(fAB * N / (fA * fB), 2)
```
#【第四步:基于搭配强度提取动宾词块显著搭配并将其存入 Excel 表格】
```
37  import xlsxwriter
38  workbook = xlsxwriter.Workbook('collocationextractiontable.xlsx')
```

```
39   worksheet = workbook.add_worksheet()
40   worksheet.write(0, 0, '动宾词块搭配')
41   worksheet.write(0, 1, '共现频次')
42   worksheet.write(0, 2, 'T 值')
43   worksheet.write(0, 3, 'PMI 值')
44   row = 1
45   for c in objcoldic:
46       TScore = TScore_calculator(objcoldic[c], lemmadic[c[0]], lemmadic[c[1]], totallemmas)
47       PMIScore = PMIScore_calculator(objcoldic[c], lemmadic[c[0]], lemmadic[c[1]], totallemmas)
48       if TScore >= 2 or PMIScore >= 3:
49           worksheet.write(row, 0, c[0] + '-' + c[1])
50           worksheet.write(row, 1, objcoldic[c])
51           worksheet.write(row, 2, TScore)
52           worksheet.write(row, 3, PMIScore)
53           row = row + 1
54   workbook.close()
```

进阶版:

```
1    from nltk.corpus import PlaintextCorpusReader
2    import re
3    import unidic2ud
4    from nltk import FreqDist
5    from math import sqrt, log
6    import xlsxwriter
7    corpus = PlaintextCorpusReader(r'C:\Users\Lenovo\Desktop\语料库数据', '.*')
8    textdata = ''.join(corpus.words(corpus.fileids()))
9    sentlist = re.split('[。?!.]', textdata)
10   while '' in sentlist:
11       sentlist.remove('')
12   objcollist = []
13   lemmalist = []
14   nlp = unidic2ud.load("gendai")
15   for s in sentlist:
16       udres = nlp(s)
17       for i in range(1, len(udres)):
18           line = udres[i]
```

```
19            depline = udres[line.head.id]
20            if re.match('\w', line.lemma):
21                lemmalist.append(line.lemma)
22            if line.deprel == 'obj' and line.upos == 'NOUN' and depline.upos == 'VERB':
23                objcollist.append((line.lemma, depline.lemma))
24    totallemmas = len(lemmalist)
25    lemmadic = FreqDist(lemmalist)
26    objcoldic = FreqDist(objcollist)
27    def TScore_calculator(fAB, fA, fB, N):
28        return (fAB - fA * fB / N) / sqrt(fAB)
29    def PMIScore_calculator(fAB, fA, fB, N):
30        return log(fAB * N / (fA * fB), 2)
31    workbook = xlsxwriter.Workbook ('collocationextractiontable.xlsx')
32    worksheet = workbook.add_worksheet()
33    worksheet.write(0, 0, '动宾词块搭配')
34    worksheet.write(0, 1, '共现频次')
35    worksheet.write(0, 2, 'T 值')
36    worksheet.write(0, 3, 'PMI 值')
37    row = 1
38    for c in objcoldic:
39        TScore = TScore_calculator(objcoldic[c], lemmadic[c[0]], lemmadic[c[1]], totallemmas)
40        PMIScore = PMIScore_calculator(objcoldic[c], lemmadic[c[0]], lemmadic[c[1]], totallemmas)
41        if TScore >= 2 or PMIScore >= 3:
42            worksheet.write(row, 0, c[0] + '-' + c[1])
43            worksheet.write(row, 1, objcoldic[c])
44            worksheet.write(row, 2, TScore)
45            worksheet.write(row, 3, PMIScore)
46            row += 1
47    workbook.close()
```

参考文献

管新潮, 2021. Python 语言数据分析[M]. 上海：上海交通大学出版社.

雷蕾, 2020. 基于 Python 的语料库数据处理[M]. 北京：科学出版社.

雷蕾,刘迪麟,晏胜. 基于窗口与基于句法分析的搭配提取:问题与方法[J]. 语料库与跨文化研究,2017(1):13-36.

梁茂成,2016. 什么是语料库语言学[M]. 上海:上海外语教育出版社.

王华伟,曹亚辉,2012. 日语教学中基于语料库的词语搭配研究:以一组动词近义词为例[J]. 解放军外国语学院学报,35(2):71-75.

卫乃兴,2002. 基于语料库和语料库驱动的词语搭配研究[J]. 当代语言学,4(2):101-114.

Hunston S, 2002. Corpora in applied linguistics [M]. Cambridge: Cambridge University Press.

Sinclair J, 1991. Corpus, concordance, collocation[M]. Oxford: Oxford University Press.

第九章 日语语言特征统计技术

9.1 技术概要与编程提示

在基于语料库的语言特征研究当中经常会统计词汇多样性、平均词长、词长分布、平均句长、词类占比、词汇密度、MVR、词汇复杂性、句式频次等各种维度和指标（毛文伟，2012；张建华，2015；梁茂成，2016；胡开宝 等，2018；管新潮，2018；王慧，2020；杨晓敏 等，2022；王华伟 等，2021；毛文伟，2022）。下面对这些维度和指标进行简要介绍。

首先，词汇多样性可反映一个文本或语料库是用了比较丰富的词汇还是重复使用有限的词汇（Jarvis，2013）。其最常用的测量指标为标准化类符/形符比（standardized type-token ratio，STTR），该指标可排除文本长度或语料库库容不一致所造成的影响（梁茂成 等，2010；胡开宝 等，2018）。标准化类符/形符比的计算步骤为，先算出文本中每 1 000 词（1 000 词仅为参考值，可根据文本长度适当调整）的类符/形符比，然后将得到的所有类符/形符比进行均值处理，该均值即为标准化类符/形符比（梁茂成 等，2010）。此外，在词汇丰富性研究领域，也经常使用 Uber 指标来测量词汇多样性（郑咏滟，2015；吴继峰，2016；杨晓敏 等，2022）。Uber 的计算公式为：$(\lg Tokens)^2 / (\lg Tokens - \lg Types)$，其中的 Tokens 代表形符总数，Types 代表类符总数，整个公式的含义为：文本形符总数常用对数（即以 10 为底的对数）的平方除以形符总数常用对数与类符总数常用对数之差。与标准化类符/形符比一样，Uber 指标的优点也是适用于长度不一的文本以及库容不同的语料库（Jarvis，2002；郑咏滟，2015；吴继峰，2016）。

其次,词长指单词长度,即单词中包含的字符个数,平均词长可通过文本中文字字符的总数除以形符总数的方式进行计算;句长则指句子长度,即句子中包含的形符个数,平均句长是以形符总数除以结句符号个数(即句子总数)而得出的(胡开宝 等,2018;王华伟 等,2021)。然后,词长分布可简单理解为不同长度的词的出现频次或频率。一般说来,平均词长可在一定程度上体现文本的正式程度,越正式的文本往往平均词长越长,越口语化的文本,其平均词长则越短,而词长分布预示着语言的一些独特性,会对词汇学习产生一定的影响;平均句长则可反映文本中句子的复杂程度及可读性,数值越大,表示句子越冗长,结构越复杂(黄虹志,2007;毛文伟,2012;胡开宝 等,2018)。

接下来,在语言特征研究当中有时会考察某类词(如名词、动词、连词、代词等)的使用特点,此时则需统计该类词的所占比例(毛文伟,2012;胡开宝 等,2018)。并且,为了分析语言中的词汇变化及信息密度,有时会进一步统计文本中的词汇密度(张建华,2015;胡开宝 等,2018;杨晓敏 等,2022)。词汇密度一般指实词形符数在文本中的比率,能够体现文本的信息含量(鲍贵,2008)。但其计算方法具有一定的语言特异性,日语文本的词汇密度可用以下两种方法进行计算:(1)内容词形符占比。即文本中内容词(名词、动词、形容词、形容动词和副词)的形符数在形符总数中的占比;(2)独立词形符占比。即文本中独立词(名词、动词、形容词、形容动词、副词、代名词①、接续词②、感叹词和连体词)的形符数在形符总数中的占比(张建华 2015;杨晓敏 等,2022)。然后,为了有效判断文本语言的描写性特点,有时还会统计 MVR 值,即文本中描述性词语与动词的比例,具体计算公式为:形容词、形容动词、副词和连体词的形符总数/动词总数(毛文伟,2012;毛文伟,2022)。MVR 值越高,说明文本越倾向于样态描写,反之则越倾向于动态描写(桦岛忠夫 等,1965)。

然后,词汇复杂性可用文本中的低频词比率进行衡量(鲍贵,2008)。具体到日语词汇复杂性的计算,可统计日语文本中的低频词形符占比或类符占比(张建华,2015;郑咏滟,2015;吴继峰,2016;杨晓敏 等,2022)。关于日语低频词的确定,既可参考张

---

① 相当于汉语中的代词。
② 相当于汉语中的连词。

建华和杨晓敏等研究中的操作方法将其定义为旧日本语能力考试当中的 N1 级词汇和级外词汇,也可参考英语词汇统计软件 Rang① 的做法将其定义为大规模语料库《现代日语书面语平衡语料库(BCCWJ)》短单位词表中频次相对较低的词,如词表中排序为前 5 000 以后的词。

最后,在翻译语言特征研究当中,学者们有时较为关注某些特定句式(如汉语中的"把"字句和"被"字句、日语中的"である"句式等)的使用频率(胡开宝 等,2018;王慧,2020)。通过这些句式在翻译语言和原创语言中的使用差异可有效揭示翻译语言的重要特征。

从下一小节开始,依次展示各种日语语言特征统计技术编程案例。开始编程前,需事先安装好 MeCab 软件、UniDic 词典、IPA 词典以及 mecab、nltk 等第三方库。此外,由于统计日语词汇复杂性时会比照 BCCWJ 短单位词表进行,所以还需提前准备好该词表。

9.2 词汇多样性统计编程实现

9.2.1 所用语料与编程步骤

所用语料为前面使用过的微型语料库中的第 1 个日语纯文本文件,其绝对路径为"C:\Users\Lenovo\Desktop\语料库数据\1.txt"。然后,编程时的主要步骤如下:

第一步:读取单个文本中的日语语料;
第二步:对日语语料进行分词处理并整理成嵌套列表;
第三步:基于嵌套列表创建词汇素形符列表与类符集合;
第四步:根据公式计算 Uber 和标准化类符/形符比。

---

① 该软件由 Nation and Coxhead 于 2002 年设计,可用于分析英语文本的词汇复杂性等。软件下载地址如下:https://www.wgtn.ac.nz/lals/resources/paul-nations-resources/vocabulary-analysis-programs。

9.2.2 分步代码

【第一步:读取单个文本中的日语语料】
该步与"4.2 基于 IPA 词典的词表制作编程实现"的第一步基本相同,不再赘述。

【第二步:对日语语料进行分词处理并整理成嵌套列表】
该步与"4.3 基于 UniDic 词典的词表制作编程实现"的第二步完全相同,不再赘述。

【第三步:基于嵌套列表创建词汇素形符列表与类符集合】
到第二步为止,我们通过 17 行代码完成了日语语料分词处理,并将分词结果整理成了一个嵌套列表(即 tokenslist)。接下来需基于该嵌套列表创建词汇素形符列表与类符集合,以此为 Uber 和标准化类符/形符比的计算提供基本数据。具体代码如下:

```
18  Tokens_list = []
19  for l in tokenslist:
20      if len(l) >= 9 and re.match('\w', l[8]):
21          lemma = re.sub('-.*', '', l[8])
22          lemma = lemma + "(" + l[7] + l[1] + l[2] + l[3] + l[4] + ")"
23          Tokens_list.append(lemma)
24      elif len(l) < 9 and re.match('\w', l[0]):
25          lemma = l[0] + "(" + l[1] + l[2] + l[3] + l[4] + ")"
26          Tokens_list.append(lemma)
27  print(Tokens_list)
28  print(len(Tokens_list))
29  Types_set = set(Tokens_list)
```

代码逐行解析:

第 18 行代码构建了一个空列表,并把它赋值给变量 Tokens_list。

第 19~26 行代码是一个包含 for 循环语句的相对独立的代码块。其中,第 19 行代码依次读取 tokenslist 列表中的各个元素(类型为列表),每读取一个元素后立即将其赋值给变量 l,并自动运行一次有缩进的第 20~26 行代码。第 20 行代码设置了两个用 and 连接起来的 if 条件:(1)len(l) >= 9,(2)re.match('\w', l[8]),前者调用 len( )函数测量当前 l 列表的长度,并要求该长度大于或等于 9,以此确保后续代码中 l[8]元素(即词汇素)的存在;后者从 re 库中调用 match( )函数,从起始位置开始匹配 l[8]元素中的非符号字符,以此确保 l[8]元素不是某种符号,而是一个词。若同时满足这两个条件,则会自动运行有缩进的第 21~23 行代码。其中,第 21 行代码从 re 库中调用 sub( )函数把 l[8]词汇素中由小横杠加任意字符组成的字符串删除后返回剩余的词汇素,并将其赋值给变量 lemma。第 22 行代码通过加号(+)在当前 lemma 中的词汇素后面依次粘上全角圆括号左半边(( )、读音信息(l[7])、1 级词性信息(l[1])、2 级词性信息(l[2])、3 级词性信息(l[3])、4 级词性信息(l[4])和全角圆括号右半边( )),并将其再次赋值给变量 lemma。第 23 行代码则对事先构建好的 Tokens_list 列表调用 append( )方法,将 lemma 中带有读音和词性信息的词汇素作为最后一个元素添加到 Tokens_list 当中。第 24 行代码是另外两个用 and 连接起来的 if 条件:(1) len(l) < 9,(2) re.match('\w', l[0])。前者调用 len( )函数测量当前 l 列表的长度,并要求该长度小于 9,以此形成与第 20 行代码有明确区分的补充性条件,从而提取出那些无法进行普通分词处理而位于 l 列表第 1 个元素(即 l[0])位置上的特殊词汇素;后者用来确保 l[0]中的词汇素不是某种符号,而是一个词。若同时满足这两个条件,则会自动运行有缩进的第 25~26 行代码。第 25 行代码通过加号(+)在 l[0]中特殊词汇素后面依次粘上全角圆括号左半边(( )、1 级词性信息(l[1])、2 级词性信息(l[2])、3 级词性信息(l[3])、4 级词性信息(l[4])和全角圆括号右半边( )),并将其赋值给变量 lemma。第 26 行代码对 Tokens_list 列表调用 append( )方法,将当前 lemma 中的特殊词汇素作为最后一个元素添加到 Tokens_list 当中。

第 27 行代码通过 print( )函数把 Tokens_list 列表(即形符列表)打印出来查看。

第 28 行代码调用 len( )函数测量 Tokens_list 列表的长度(即形符总数),并通过 print( )函数把该长度打印出来查看。由于打印结果为 672,所以后面在计算标准化类符/形符比时,先计算每 100 个词的类符/形符比,然后再计算均值。

第 29 行代码调用 set( )函数把 Tokens_list 列表强制转换为集合(以此达到将该列表中的词汇素进行去重的效果),并将获得的集合(即类符集合)赋值给变量 Types_set。

【第四步：根据公式计算 Uber 和标准化类符/形符比】

在第三步当中，我们成功获得了文本中的词汇素形符列表（即 Tokens_list）与类符集合（即 Types_set），接下来就可以根据公式来计算 Uber 值和标准化类符/形符比了。具体代码如下：

```
30  from math import log
31  import statistics
32  Tokens = len(Tokens_list)
33  Types = len(Types_set)
34  Uber = log(Tokens, 10) * log(Tokens, 10)/(log(Tokens, 10) - log(Types, 10))
35  print(Uber)
36  i = 0
37  TTRs = []
38  while i + 100 <= Tokens:
39      token100 = Tokens_list[i:i + 100]
40      type100 = set(token100)
41      TTR = len(type100) / 100
42      TTRs.append(TTR)
43      i = i + 100
44  STTR = statistics.mean(TTRs)
45  print(STTR)
```

代码逐行解析：

第 30 行代码使用"from 库 import 函数"的代码形式把标准库 math 中的 log() 函数导入到当前 PyCharm 项目中，以供后续代码使用。

第 31 行代码使用"import 库"的代码形式把标准库 statistics 导入当前 PyCharm 项目中备用。

第 32 行代码调用 len() 函数测量 Tokens_list 列表的长度（即形符总数），并将其赋值给变量 Tokens。

第 33 行代码调用 len() 函数测量 Types_set 集合的长度（即类符总数），并将其赋值给变量 Types。

第 34 行代码根据公式调用 log() 函数计算 Uber 指标的值，并将其赋值给变量 Uber。

第 35 行代码通过 print( ) 函数把 Uber 中的计算结果打印出来查看(见图 9-1)。

```
lexicaldiversityanalysis ×
C:\Users\Lenovo\AppData\Local\Prog
18.7666755581012134

Process finished with exit code 0
```

图 9-1　Uber 值

第 36 行代码把数值 0 赋值给变量 i。

第 37 行代码构建了一个空列表,并把它赋值给变量 TTRs。

第 38~43 行代码是一个包含 while 循环语句的相对独立的代码块。其中,第 38 行代码设置了一个 while 条件:i+100 <= Tokens,意思是当 i+100 小于或等于形符总数时,一直循环运行第 39~43 行代码。第 39 行代码截取 Tokens_list 列表中第 i+1 至 i+100 个元素(共 100 个词汇素)组成一个新列表赋值给变量 token100。第 40 行代码调用 set( ) 函数把 token100 列表强制转换为集合(以此达到去重效果),并将获得的集合赋值给变量 type100(一个类符集合)。第 41 行代码首先调用 len( ) 函数计算 type100 集合的长度,即类符数,然后根据公式计算当前 100 个词汇素的类符/形符比,并将其赋值给变量 TTR。第 42 行代码对事先构建好的 TTRs 列表调用 append( ) 方法,将当前 100 个词汇素的 TTR(即类符/形符比)作为最后一个元素添加到 TTRs 当中。第 43 行代码将 i 的值加上 100 后再次赋值给变量 i。如此一来,当第 38 行代码中的 while 循环语句运行结束之后,就完成了 Tokens_list 列表中每 100 个词汇素的类符/形符比计算[①],并将所有计算结果都储存在 TTRs 列表当中了。

第 44 行代码从 statistics 库中调用 mean( ) 函数计算 TTRs 列表中所有元素的均值(即标准化类符/形符比),并将其赋值给变量 STTR。

第 45 行代码通过 print( ) 函数把 STTR 中的计算结果打印出来查看(见图 9-2)。

---

① 最后剩余的数量不满 100 的词汇素直接舍弃了,即不计算类符/形符比。

```
lexicaldiversityanalysis ×
C:\Users\Lenovo\AppData\Local\Prog
0.6133333333333333

Process finished with exit code 0
```

图 9-2　STTR 值

9.2.3　完整代码

入门版：

#【第一步:读取单个文本中的日语语料】
1　with open(r"C:\Users\Lenovo\Desktop\语料库数据\1.txt", encoding="utf-8") as txtfile:
2　　　textdata = txtfile.read()
3　print(textdata)
#【第二步:对日语语料进行分词处理并整理成嵌套列表】
4　import MeCab
5　import re
6　tokenizer = MeCab.Tagger(r"-d D:\我的科研\我的语料库和词汇表\unidic-cwj-3.1.1")
7　words = tokenizer.parse(textdata)
8　print(words)
9　words = words.strip()
10　words = re.split('\n', words)
11　words = words[0:-1]
12　print(words)
13　tokenslist = []
14　for word in words:
15　　　item = re.split('[\t,]', word)
16　　　tokenslist.append(item)
17　print(tokenslist)
#【第三步:基于嵌套列表创建词汇素形符列表与类符集合】
18　Tokens_list = []
19　for l in tokenslist:
20　　　if len(l) >= 9 and re.match('\w', l[8]):
21　　　　　lemma = re.sub('-.*', '', l[8])

```
22            lemma = lemma + "(" + l[7] + l[1] + l[2] + l[3] + l[4]
   + ")"
23            Tokens_list.append(lemma)
24        elif len(l) < 9 and re.match('\w', l[0]):
25            lemma = l[0] + "(" + l[1] + l[2] + l[3] + l[4] + ")"
26            Tokens_list.append(lemma)
27  print(Tokens_list)
28  print(len(Tokens_list))
29  Types_set = set(Tokens_list)
```
#【第四步:根据公式计算Uber和标准化类符/形符比】
```
30  from math import log
31  import statistics
32  Tokens = len(Tokens_list)
33  Types = len(Types_set)
34  Uber = log(Tokens, 10) * log(Tokens, 10) / (log(Tokens, 10) - log
    (Types, 10))
35  print(Uber)
36  i = 0
37  TTRs = []
38  while i + 100 <= Tokens:
39      token100 = Tokens_list[i:i + 100]
40      type100 = set(token100)
41      TTR = len(type100) / 100
42      TTRs.append(TTR)
43      i = i + 100
44  STTR = statistics.mean(TTRs)
45  print(STTR)
```

进阶版:

```
1  import MeCab
2  import re
3  from math import log
4  import statistics
5  with open(r"C:\Users\Lenovo\Desktop\语料库数据\1.txt", encoding
   ="utf-8") as txtfile:
6      textdata = txtfile.read()
7  tokenizer = MeCab.Tagger(r"-d D:\我的科研\我的语料库和词汇表\
   unidic-cwj-3.1.1")
8  words = re.split('\n', tokenizer.parse(textdata).strip())[0:-1]
```

```
9    tokenslist = [re.split('[ \t,]', word) for word in words]
10   Tokens_list = []
11   for l in tokenslist:
12       if len(l) > = 9 and re.match('\w', l[8]):
13           lemma = re.sub('-.*','',l[8]) + "(" + l[7] + l[1] + l[2] + l[3] + l[4] + ")"
14           Tokens_list.append(lemma)
15       elif len(l) < 9 and re.match('\w', l[0]):
16           Tokens_list.append(l[0] + "(" + l[1] + l[2] + l[3] + l[4] + ")")
17   Tokens = len(Tokens_list)
18   Types = len(set(Tokens_list))
19   Uber = log(Tokens, 10) * log(Tokens, 10) / (log(Tokens, 10) - log(Types, 10))
20   i = 0
21   TTRs = []
22   while i + 100 < = Tokens:
23       TTRs.append(len(set(Tokens_list[i:i + 100])) / 100)
24       i + = 100
25   STTR = statistics.mean(TTRs)
26   print(Uber, STTR)
```

9.3 平均词长、词长分布及平均句长统计编程实现

9.3.1 所用语料与编程步骤

所用语料为前面使用过的微型语料库中的第1个日语纯文本文件,其绝对路径为"C:\Users\Lenovo\Desktop\语料库数据\1.txt"。然后,编程时的主要步骤如下:

第一步:读取单个文本中的日语语料;

第二步:对日语语料进行分词处理并整理成嵌套列表;

第三步:基于嵌套列表统计平均词长、词长分布和平均句长。

9.3.2 分步代码

【第一步:读取单个文本中的日语语料】

该步与"4.2 基于 IPA 词典的词表制作编程实现"的第一步基本相同,不再赘述。

【第二步:对日语语料进行分词处理并整理成嵌套列表】

该步与"4.3 基于 UniDic 词典的词表制作编程实现"的第二步完全相同,不再赘述。

【第三步:基于嵌套列表统计平均词长、词长分布和平均句长】

到第二步为止,我们通过 17 行代码完成了日语语料分词处理,并将分词结果整理成了一个嵌套列表(即 tokenslist)。接下来需基于该嵌套列表来统计平均词长、词长分布和平均句长,具体代码如下:

```
18   from nltk import FreqDist
19   Tokens_list = []
20   for l in tokenslist:
21       if len(l) >= 9:
22           lemma = re.sub('-.*','',l[8])
23           Tokens_list.append(lemma)
24       else:
25           Tokens_list.append(l[0])
26   print(Tokens_list)
27   endings = ['。','?','!','.']
28   totalsentences = 0
29   wordlength = []
30   for token in Tokens_list:
31       if re.match('\w', token):
32           wordlength.append(len(token))
33       if token in endings:
34           totalsentences = totalsentences + 1
35   averagewordlength = sum(wordlength) / len(wordlength)
36   print(averagewordlength)
37   wordlengthdic = FreqDist(wordlength)
38   for w in wordlengthdic:
39       dlw = "长度为" + str(w) + "的词"
40       frequency = wordlengthdic[w]
```

```
41      ratio = wordlengthdic[w] / len(wordlength)
42      print(dlw, frequency, ratio)
43  averagesentencelength = len(wordlength) / totalsentences
44  print(averagesentencelength)
```

代码逐行解析：

第 18 行代码使用"from 库 import 函数"的代码形式把第三方库 nltk 中的 FreqDist( ) 函数导入到当前 PyCharm 项目中备用。

第 19 行代码构建了一个空列表，并把它赋值给变量 Tokens_list。

第 20 ~ 25 行代码是一个包含 for 循环语句的相对独立的代码块。其中，第 20 行代码依次读取 tokenslist 列表中的各个元素（类型为列表），每读取一个元素后立即将其赋值给变量 l，并自动运行一次有缩进的第 21 ~ 25 行代码。其中，第 21 行代码设置了一个 if 条件：len(l) > = 9，该条件调用 len( ) 函数测量 l 列表的长度，并要求其大于或等于 9，以此确保第 22 行代码中 l[8] 元素（即词汇素）的存在。若满足该条件，则会自动运行有缩进的第 22 ~ 23 行代码。第 22 行代码从 re 库中调用 sub( ) 函数把词汇素中由小横杠加任意字符组成的字符串删除后返回剩余的词汇素，并将其赋值给变量 lemma。第 23 行代码对事先构建好的 Tokens_list 列表调用 append( ) 方法，将当前 lemma 中的词汇素作为最后一个元素添加到 Tokens_list 当中。另一方面，若不满足第 21 行代码中的条件，则直接运行第 24 行代码及其下方有缩进的第 25 行代码。第 25 行代码对 Tokens_list 列表调用 append( ) 方法，将 l[0] 中的特殊词汇素作为最后一个元素添加到 Tokens_list 当中。

第 26 行代码通过 print( ) 函数把 Tokens_list 列表打印出来查看。

第 27 行代码构建了一个以句号等日语文本中可能使用的结句符号为元素的列表，并将其赋值给变量 endings。

第 28 行代码将数值 0 赋值给变量 totalsentences。

第 29 行代码构建了一个空列表，并把它赋值给变量 wordlength。

第 30 ~ 34 行代码是一个包含 for 循环语句的相对独立的代码块。其中，第 30 行代码依次读取 Tokens_list 列表中的各个元素，每读取一个元素后立即将其赋值给变量 token，并自动运行一次有缩进的第 31 ~ 34 行代码。第 31 行代码设置了一个 if 条件:re.match('\w', token),该条件从 re 库中调用 match()函数,从起始位置开始匹配当前 token 中的非符号字符,以此确保当前 token 不是某种符号,而是一个词。若满足该条件,则自动运行有缩进的第 32 行代码。第 32 行代码对事先构建好的 wordlength 列表调用 append()方法,将当前 token 中词汇素的长度(即字符数)作为最后一个元素添加到 wordlength 当中。第 33 行代码是另一个 if 条件:token in endings,意思是当前 token 中的元素为一个结句符号。若满足该条件,则自动运行有缩进的第 34 行代码。第 34 行代码将变量 totalsentences 的值加 1 后再次赋值给 totalsentences。如此一来,当第 30 行代码中的 for 循环语句运行结束之后,wordlength 列表就以元素的形式储存了每个词汇素的长度,而变量 totalsentences 中则储存了句子总数。

第 35 行代码根据公式统计平均词长,并将其赋值给变量 averagewordlength。具体说来,sum(wordlength)部分调用 sum()函数对 wordlength 列表中的所有元素进行求和,即计算所有词汇素的字符总数,而 len(wordlength)部分则调用 len()函数测量 wordlength 列表的长度,即词汇素的形符总数。词汇素字符总数除以其形符总数即为平均词长。

第 36 行代码通过 print()函数把变量 averagewordlength 中储存的平均词长打印出来查看(见图 9-3)。

```
averagelength  ×
C:\Users\Lenovo\AppData\Local\Progr
1.5669642857142858

Process finished with exit code 0
```

图 9-3 平均词长

第 37 行代码调用 FreqDist()函数统计 wordlength 列表中不同长度的频次信息,并将各种长度及其对应频次转化成一个可用 for 循环语句读取的字典赋值给变量 wordlengthdic。

第 38~42 行代码是一个包含 for 循环语句的相对独立的代码块。其中,第 38 行代码依次读取 wordlengthdic 字典中的各个键(即长度),每读取一个键后立即将其赋值给变量 w,并自动运行一次有缩进的第 39～42 行代码。第 39 行代码调用 str( ) 函数将当前 w 中的键(即长度数值)转换为字符串,并在其前面粘上字符串"长度为",后面粘上字符串"的词",且将整个字符串赋值给变量 dlw。第 40 行代码首先获取当前 w 中键所对应的值(即当前长度词的频次),然后将其赋值给变量 frequency。第 41 行代码根据公式计算当前长度词的占比,并将其赋值给变量 ratio。第 42 行代码通过 print( ) 函数在同一行当中分别打印出当前长度词的类别、频次和占比。如此一来,当第 38 行代码中的 for 循环语句运行结束之后,就会打印出所有长度的词所对应的频次和占比信息,即词长分布情况(见图 9-4)。

```
averagelength
C:\Users\Lenovo\AppData\Local\Programs
长度为1的词   377  0.5610119047619048
长度为2的词   234  0.3482142857142857
长度为3的词   45   0.06696428571428571
长度为4的词   12   0.017857142857142856
长度为6的词   2    0.002976190476190476
长度为5的词   1    0.001488095238095238
长度为8的词   1    0.001488095238095238

Process finished with exit code 0
```

图 9-4　词长分布

第 43 行代码根据公式统计平均句长,并将其赋值给变量 averagesentencelength。

第 44 行代码通过 print( ) 函数把变量 averagesentencelength 中储存的平均句长打印出来查看(见图 9-5)。

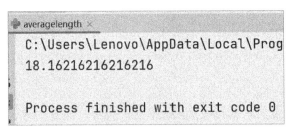

图 9-5　平均句长

9.3.3 完整代码

入门版：

```
#【第一步：读取单个文本中的日语语料】
1   with open(r"C:\Users\Lenovo\Desktop\语料库数据\1.txt", encoding = "utf-8") as txtfile:
2       textdata = txtfile.read()
3   print(textdata)
#【第二步：对日语语料进行分词处理并整理成嵌套列表】
4   import MeCab
5   import re
6   tokenizer = MeCab.Tagger(r"-d D:\我的科研\我的语料库和词汇表\unidic-cwj-3.1.1")
7   words = tokenizer.parse(textdata)
8   print(words)
9   words = words.strip()
10  words = re.split('\n', words)
11  words = words[0:-1]
12  print(words)
13  tokenslist = []
14  for word in words:
15      item = re.split('[\t,]', word)
16      tokenslist.append(item)
17  print(tokenslist)
#【第三步：基于嵌套列表统计平均词长、词长分布和平均句长】
18  from nltk import FreqDist
19  Tokens_list = []
20  for l in tokenslist:
21      if len(l) >= 9:
22          lemma = re.sub('-.*', '', l[8])
23          Tokens_list.append(lemma)
24      else:
25          Tokens_list.append(l[0])
26  print(Tokens_list)
27  endings = ['。', '？', '！', '.']
28  totalsentences = 0
29  wordlength = []
30  for token in Tokens_list:
```

```
31      if re.match('\w', token):
32          wordlength.append(len(token))
33      if token in endings:
34          totalsentences = totalsentences + 1
35  averagewordlength = sum(wordlength) / len(wordlength)
36  print(averagewordlength)
37  wordlengthdic = FreqDist(wordlength)
38  for w in wordlengthdic:
39      dlw = "长度为" + str(w) + "的词"
40      frequency = wordlengthdic[w]
41      ratio = wordlengthdic[w] / len(wordlength)
42      print(dlw, frequency, ratio)
43  averagesentencelength = len(wordlength) / totalsentences
44  print(averagesentencelength)
```

进阶版：

```
1   import MeCab
2   import re
3   from nltk import FreqDist
4   with open(r"C:\Users\Lenovo\Desktop\语料库数据\1.txt", encoding="utf-8") as txtfile:
5       textdata = txtfile.read()
6   tokenizer = MeCab.Tagger(r"-d D:\我的科研\我的语料库和词汇表\unidic-cwj-3.1.1")
7   words = re.split('\n', tokenizer.parse(textdata).strip())[0:-1]
8   tokenslist = [re.split('[\t,]', word) for word in words]
9   Tokens_list = [re.sub('-.*', '', l[8]) if len(l) >= 9 else l[0] for l in tokenslist]
10  endings = ['。', '？', '！', '.']
11  totalsentences = 0
12  wordlength = []
13  for token in Tokens_list:
14      if re.match('\w', token):
15          wordlength.append(len(token))
16      if token in endings:
17          totalsentences += 1
18  print(sum(wordlength) / len(wordlength))
19  wordlengthdic = FreqDist(wordlength)
```

```
20   for w in wordlengthdic:
21       print(f"长度为{w}的词", wordlengthdic[w], wordlengthdic[w] / len(wordlength))
22   print(len(wordlength) / totalsentences)
```

9.4 词类占比、词汇密度及 MVR 值统计编程实现

9.4.1 所用语料与编程步骤

所用语料为前面使用过的微型语料库中的第 1 个日语纯文本文件,其绝对路径为"C:\Users\Lenovo\Desktop\语料库数据\1.txt"。然后,编程时的主要步骤如下:

第一步:读取单个文本中的日语语料;

第二步:对日语语料进行分词处理并整理成嵌套列表;

第三步:基于嵌套列表统计接续词占比、词汇密度及 MVR 值。

9.4.2 分步代码

【第一步:读取单个文本中的日语语料】

该步与"4.2 基于 IPA 词典的词表制作编程实现"的第一步基本相同,不再赘述。

【第二步:对日语语料进行分词处理并整理成嵌套列表】

该步与"4.3 基于 UniDic 词典的词表制作编程实现"的第二步完全相同,不再赘述。

【第三步:基于嵌套列表统计接续词占比、词汇密度及 MVR 值】

到第二步为止,我们通过 17 行代码完成了日语语料分词处理,并将分词结果整理成了一个嵌套列表(即 tokenslist)。接下来需基于该嵌套列表来统计接续词占比、词汇密度及 MVR 值,具体代码如下:

```
18   totaltokens = 0
19   totalcons = 0
20   totalcws = 0
21   totalaws = 0
22   totaldws = 0
```

```
23    totalverbs = 0
24    for l in tokenslist:
25        if re.match('\w', l[0]):
26            totaltokens = totaltokens + 1
27        if l[1] == '接続詞':
28            totalcons = totalcons + 1
29        if l[1] in ['名詞','動詞','形容詞','形状詞','副詞']:
30            totalcws = totalcws + 1
31        if l[1] in ['名詞','動詞','形容詞','形状詞','副詞','代名詞',
      '接続詞','感動詞','連体詞']:
32            totalaws = totalaws + 1
33        if l[1] in ['形容詞','形状詞','副詞','連体詞']:
34            totaldws = totaldws + 1
35        if l[1] == '動詞':
36            totalverbs = totalverbs + 1
37    consratio = totalcons / totaltokens
38    cwsratio = totalcws / totaltokens
39    awsratio = totalaws / totaltokens
40    MVR = totaldws / totalverbs
41    print(consratio, cwsratio, awsratio, MVR)
```

代码逐行解析:

第 18～23 行代码将数值 0 分别赋值给变量 totaltokens、totalcons、totalcws、totalaws、totaldws 和 totalverbs。

第 24～36 行代码是一个包含 for 循环语句的相对独立的代码块。其中,第 24 行代码依次读取 tokenslist 列表中的各个元素(类型为列表),每读取一个元素后立即将其赋值给变量 l,并自动运行一次有缩进的第 25～36 行代码。第 25 行代码设置了一个 if 条件:re.match('\w', l[0]),该条件从 re 库中调用 match() 函数,从起始位置开始匹配 l[0] 元素中的非符号字符,以此确保该元素不是某种符号,而是一个词。若满足该条件,则自动运行有缩进的第 26 行代码,该行代码将变量 totaltokens 的值加 1 后再次赋值给 totaltokens。第 27 行代码是另外一个 if 条件:l[1] == '接続詞',意思是当前 l 列表中的第 2 个元素(即词性)为 '接続詞'。若满足该条件,则自动运行有缩进的第 28 行代码,该行代码将变量 totalcons 的值加 1 后再次赋值给 totalcons。

第 29 行代码又是一个 if 条件:l[1] in ['名詞','動詞','形容詞','形状詞','副詞'],意思是当前 l 列表中的第 2 个元素为内容词之一。若满足该条件,则自动运行有缩进的第 30 行代码,该行代码将变量 totalcws 的值加 1 后再次赋值给 totalcws。第 31 行代码也是一个 if 条件:l[1] in ['名詞','動詞','形容詞','形状詞','副詞','代名詞','接続詞','感動詞','連体詞'],意思是当前 l 列表中的第 2 个元素为独立词之一。若满足该条件,则自动运行有缩进的第 32 行代码,该行代码将变量 totalaws 的值加 1 后再次赋值给 totalaws。第 33 行代码是另外一个 if 条件:l[1] in ['形容詞','形状詞','副詞','連体詞'],意思是当前 l 列表中的第 2 个元素为描述性词语之一。若满足该条件,则自动运行有缩进的第 34 行代码,该行代码将变量 totaldws 的值加 1 后再次赋值给 totaldws。第 35 行代码也是一个 if 条件:l[1] == '動詞',意思是当前 l 列表中的第 2 个元素为 '動詞'。若满足该条件,则自动运行有缩进的第 36 行代码,该行代码将变量 totalverbs 的值加 1 后再次赋值给 totalverbs。如此一来,当第 24 行代码中的 for 循环语句运行结束之后,totaltokens、totalcons、totalcws、totalaws、totaldws 和 totalverbs 这 6 个变量当中就分别储存了形符总数、接续词形符数、内容词形符数、独立词形符数、描述性词语形符数和动词形符数。

第 37 行代码根据公式计算接续词占比,并将其赋值给变量 consratio。

第 38 行代码根据公式统计内容词形符占比,并将其赋值给变量 cwsratio。

第 39 行代码根据公式统计独立词形符占比,并将其赋值给变量 awsratio。

第 40 行代码根据公式统计 MVR 值,并将其赋值给变量 MVR。

第 41 行代码通过 print() 函数把变量 consratio、cwsratio、awsratio 和 MVR 中储存的接续词占比、内容词形符占比、独立词形符占比和 MVR 值打印出来查看(见图 9-6)。

```
posanddensity
C:\Users\Lenovo\AppData\Local\Programs\Python\Python37-32\python.exe D:\我的科
0.007440476190476190 0.5148809523809523 0.5565476190476191 0.2781954887218045

Process finished with exit code 0
```

图 9-6 接续词占比、内容词形符占比、独立词形符占比和 MVR 值

9.4.3 完整代码

入门版：

#【第一步：读取单个文本中的日语语料】
```
1    with open(r"C:\Users\Lenovo\Desktop\语料库数据\1.txt", encoding
="utf-8") as txtfile:
2        textdata = txtfile.read()
3    print(textdata)
```
#【第二步：对日语语料进行分词处理并整理成嵌套列表】
```
4    import MeCab
5    import re
6    tokenizer = MeCab.Tagger(r"-d D:\我的科研\我的语料库和词汇表\
unidic-cwj-3.1.1")
7    words = tokenizer.parse(textdata)
8    print(words)
9    words = words.strip()
10   words = re.split('\n', words)
11   words = words[0:-1]
12   print(words)
13   tokenslist = []
14   for word in words:
15       item = re.split('[\t,]', word)
16       tokenslist.append(item)
17   print(tokenslist)
```
#【第三步：基于嵌套列表统计接续词占比、词汇密度及MVR值】
```
18   totaltokens = 0
19   totalcons = 0
20   totalcws = 0
21   totalaws = 0
22   totaldws = 0
23   totalverbs = 0
24   for l in tokenslist:
25       if re.match('\w', l[0]):
26           totaltokens = totaltokens + 1
27       if l[1] == '接続詞':
28           totalcons = totalcons + 1
29       if l[1] in ['名詞','動詞','形容詞','形状詞','副詞']:
30           totalcws = totalcws + 1
```

```
31      if l[1] in ['名詞','動詞','形容詞','形状詞','副詞','代名詞',
'接続詞','感動詞','連体詞']:
32          totalaws = totalaws + 1
33      if l[1] in ['形容詞','形状詞','副詞','連体詞']:
34          totaldws = totaldws + 1
35      if l[1] == '動詞':
36          totalverbs = totalverbs + 1
37  consratio = totalcons / totaltokens
38  cwsratio = totalcws / totaltokens
39  awsratio = totalaws / totaltokens
40  MVR = totaldws / totalverbs
41  print(consratio, cwsratio, awsratio, MVR)
```

进阶版：

```
1  import MeCab
2  import re
3  with open(r"C:\Users\Lenovo\Desktop\语料库数据\1.txt", encoding="utf-8") as txtfile:
4      textdata = txtfile.read()
5  tokenizer = MeCab.Tagger(r"-d D:\我的科研\我的语料库和词汇表\unidic-cwj-3.1.1")
6  words = re.split('\n', tokenizer.parse(textdata).strip())[0:-1]
7  tokenslist = [re.split('[\t,]', word) for word in words]
8  totaltokens = 0
9  totalcons = 0
10 totalcws = 0
11 totalaws = 0
12 totaldws = 0
13 totalverbs = 0
14 for l in tokenslist:
15     if re.match('\w', l[0]):
16         totaltokens += 1
17     if l[1] == '接続詞':
18         totalcons += 1
19     if l[1] in ['名詞','動詞','形容詞','形状詞','副詞']:
20         totalcws += 1
21     if l[1] in ['名詞','動詞','形容詞','形状詞','副詞','代名詞',
'接続詞','感動詞','連体詞']:
```

```
22          totalaws += 1
23      if l[1] in ['形容詞','形状詞','副詞','連体詞']:
24          totaldws += 1
25      if l[1] == '動詞':
26          totalverbs += 1
27  consratio = totalcons / totaltokens
28  cwsratio = totalcws / totaltokens
29  awsratio = totalaws / totaltokens
30  MVR = totaldws / totalverbs
31  print(consratio, cwsratio, awsratio, MVR)
```

9.5 词汇复杂性统计编程实现

9.5.1 所用语料与编程步骤

所用语料为前面使用过的微型语料库中的第1个日语纯文本文件,其绝对路径为"C:\Users\Lenovo\Desktop\语料库数据\1.txt"。然后,编程时的主要步骤如下:

第一步:读取单个文本中的日语语料;

第二步:对日语语料进行分词处理并整理成嵌套列表;

第三步:基于嵌套列表创建词汇素列表并计算形符总数和类符总数;

第四步:创建BCCWJ短单位词表前5000词汇素列表;

第五步:参照BCCWJ短单位词表前5000词汇素列表提取低频词并统计词汇复杂性。

9.5.2 分步代码

【第一步:读取单个文本中的日语语料】

该步与"4.2 基于IPA词典的词表制作编程实现"的第一步基本相同,不再赘述。

【第二步:对日语语料进行分词处理并整理成嵌套列表】

该步与"4.3 基于UniDic词典的词表制作编程实现"的第二步完全相同,不再赘述。

【第三步：基于嵌套列表创建词汇素列表并计算形符总数和类符总数】

到第二步为止，我们通过 17 行代码完成了日语语料分词处理，并将分词结果整理成了一个嵌套列表(即 tokenslist)。接下来需基于该嵌套列表来创建词汇素列表，并进一步计算形符总数和类符总数。具体代码如下：

```
18    Tokens_list = []
19    for l in tokenslist:
20        if len(l) >= 9 and re.match('\w', l[8]):
21            lemma = re.sub('-.* ', '', l[8])
22            lemma = lemma + "(" + l[7] + l[1] + l[2] + l[3] + l[4] + ")"
23            Tokens_list.append(lemma)
24        elif len(l) < 9 and re.match('\w', l[0]):
25            lemma = l[0] + "(" + l[1] + l[2] + l[3] + l[4] + ")"
26            Tokens_list.append(lemma)
27    print(Tokens_list)
28    Tokens = len(Tokens_list)
29    Types_set = set(Tokens_list)
30    Types = len(Types_set)
```

代码逐行解析：

第 18 行代码构建了一个空列表，并把它赋值给变量 Tokens_list。

第 19～26 行代码是一个包含 for 循环语句的相对独立的代码块。其中，第 19 行代码依次读取 tokenslist 列表中的各个元素(类型为列表)，每读取一个元素后立即将其赋值给变量 l，并自动运行一次有缩进的第 20～26 行代码。第 20 行代码设置了两个用 and 连接起来的 if 条件：(1) len(l) >= 9，(2) re.match('\w', l[8])。前者调用 len() 函数测量 l 列表的长度，并要求该长度大于或等于 9，以此确保后续代码中 l[8] 元素(即词汇素)的存在；后者从 re 库中调用 match() 函数，从起始位置开始匹配 l[8] 元素中的非符号字符，以此确保 l[8] 元素不是某种符号，而是一个词。若同时满足这两个条件，则会自动运行有缩进的第 21～23 行代码。其中，第 21 行代码从 re 库中调用 sub() 函数把 l[8] 词汇素中由小横杠加任意字符组成的字符串删除后返回剩余的词汇素，并将其赋值给变量 lemma。第 22 行代码通过加号(+)在当前 lemma 中的词汇素后面依次粘上全角圆括号左半边(（)、读音信息(l[7])、1 级词性信息(l

[1])、2级词性信息(l[2])、3级词性信息(l[3])、4级词性信息(l[4])和全角圆括号右半边()),并将其再次赋值给变量lemma。第23行代码则对事先构建好的Tokens_list列表调用append()方法,将当前lemma中带有读音和词性信息的词汇素作为最后一个元素添加到Tokens_list当中。然后,第24行代码是另外两个用and连接起来的if条件:(1) len(l) < 9,(2) re.match('\w', l[0])。前者调用len()函数测量l列表的长度,并要求该长度小于9,以此形成与第20行代码有明确区分的补充性条件,从而提取出那些无法进行普通分词处理而位于l列表第1个元素(即l[0])位置上的特殊词汇素;后者用来确保l[0]中的词汇素不是某种符号,而是一个词。若同时满足这两个条件,则会自动运行有缩进的第25~26行代码。第25行代码通过加号(+)在l[0]中特殊词汇素后面依次粘上全角圆括号左半边(()、1级词性信息(l[1])、2级词性信息(l[2])、3级词性信息(l[3])、4级词性信息(l[4])和全角圆括号右半边()),并将其赋值给变量lemma。第26行代码对Tokens_list列表调用append()方法,将当前lemma中的特殊词汇素作为最后一个元素添加到Tokens_list当中。如此一来,当第19行代码中的for循环语句运行结束之后,Tokens_list列表中就以元素的形式储存了所有词汇素。

第27行代码通过print()函数把Tokens_list列表打印出来查看。

第28行代码调用len()函数测量Tokens_list列表的长度(即形符总数),并将其赋值给变量Tokens。也就是说,Tokens变量中储存了形符总数。

第29行代码调用set()函数把Tokens_list列表强制转换为集合(以此达到将该列表中的词汇素进行去重的效果),并将获得的集合(即类符集合)赋值给变量Types_set。

第30行代码调用len()函数测量Types_set集合的长度(即类符总数),并将其赋值给变量Types。也就是说,Types变量中储存了类符总数。

【第四步:创建BCCWJ短单位词表前5000词汇素列表】

到第三步为止,我们创建了一个词汇素列表(即Tokens_list),并计算了其形符总数(即Tokens)和类符总数(即Types)。接下来需基于BCCWJ短单位词表创建一个用来提取Tokens_list列表中低频词的词汇素参照列表,即BCCWJ短单位词表前5000

词汇素列表。具体代码如下:

```
31  lemma5000 = []
32  with open(r'C:\Users\Lenovo\Desktop\BCCWJ_frequencylist_suw_
    ver1_1.tsv', encoding = 'utf-8') as txtfile:
33      next(txtfile)
34      for line in txtfile:
35          line = line.strip('\n')
36          line = re.split('\t', line)
37          if re.match('[^■]', line[2]):
38              pos = re.sub('-', '', line[3])
39              lemma = line[2] + "(" + line[1] + pos + ")"
40              lemma5000.append(lemma)
41  lemma5000 = lemma5000[0:5000]
42  print(lemma5000)
```

代码逐行解析:

第31行代码构建了一个空列表,并将其赋值给变量lemma5000。

第32~40行代码组成一个相对独立的代码块。其中,第32行代码使用with open()函数打开目标文件"BCCWJ_frequencylist_suw_ver1_1.tsv"(即BCCWJ短单位词表),并将其命名为变量txtfile。该函数中输入了两个参数,第1个参数指定目标文件的绝对路径,第2个参数指定打开文件时的编码方式(encoding)为'utf-8'。第33行代码通过next()函数跳过txtfile中BCCWJ短单位词表第1行(即表头)中的字符串数据(rank、lForm、lemma等),即移动到txtfile的第2行数据上[①]。第34~40行代码是一个含有for循环语句的相对独立的代码块,从txtfile第2行开始逐行读取数据,并从每行当中提取出带有读音和词性信息的词汇素及其频次信息,最终建成一个BCCWJ词汇素列表。具体说来,第34行代码从第2行开始逐行读取txtfile中的数据,每读取一行立即将其赋值给变量line,并自动运行一次有缩进的第35~40行代码。其中,第35行代码对当前line调用strip()方法,以此移除其储存的字符串头尾两端的换行符(\n),并将处理结果赋值给变量line,即line中的内容进行了更新。第36行代码调用re库中的split()函数,以制表符(\t)为分隔符把当前line中的字符串

[①] 可直接打开BCCWJ短单位词表辅助理解。

分隔成多个元素,并将这些元素组成一个列表赋值给变量 line,即 line 中的内容再次进行了更新。此时,line 列表把当前读取的行中的每列数据都以元素的形式储存起来了,如 line[1]为词汇素的读音,line[2]为词汇素,line[3]为词汇素的词性等。然后,第 37~40 行代码是一个含有 if 条件语句的相对独立的代码块。第 37 行代码设置了一个 if 条件:re.match('[^■]', line[2]),该条件从 re 库中调用 match()函数,从起始位置开始匹配 line[2]元素(即词汇素)中除'■'之外的字符。之所以设置该条件,是因为我们发现 BCCWJ 短单位词表的词汇素(lemma)这一列当中有一些由一个或多个■组成的奇特词汇素(通常代表某个数字或固有名词),这种奇特词汇素显然不适合用来创建 BCCWJ 短单位词表前 5000 词汇素列表,需全部过滤掉。而第 37 行代码中的匹配条件可十分便捷地完成过滤任务。若满足该条件,即匹配成功,则会自动运行有缩进的第 38~40 行代码。第 38 行代码从 re 库中调用 sub()函数,将 line[3](即词性)中的小横杠(-)删除之后返回剩余的字符串,并将其赋值给变量 pos。第 39 行代码通过加号(+)在 line[2](即词汇素)后面依次粘上全角圆括号左半边(()、line[1](即读音)、pos(即词性)和全角圆括号右半边()),并将其赋值给变量 lemma。第 40 行代码对事先构建好的 lemma5000 列表调用 append()方法,将当前 lemma 中的词汇素作为最后一个元素添加到 lemma5000 当中。如此一来,当第 34 行代码中的 for 循环语句运行结束之后,BCCWJ 短单位词表中的所有非数字和固有名词的词汇素(带有读音和词性信息)就全部以元素的形式储存在 lemma5000 列表当中了。

第 41 行代码截取 lemma5000 列表中的前 5000 个元素组成一个新列表,并将其再次赋值给变量 lemma5000。此时,lemma5000 列表中就储存了 BCCWJ 短单位词表中频次排前 5000 的词汇素。

第 42 行代码通过 print()函数把 lemma5000 列表打印出来查看(参考图 9-7)。

```
lexicalsophistication ×
C:\Users\Lenovo\AppData\Local\Programs\Python\Python37-32\python.exe D:\我的科研\基于Python的日
['の (ノ助詞格助詞)', 'に (ニ助詞格助詞)', 'て (テ助詞接続助詞)', 'は (ハ助詞係助詞)', 'だ (ダ助動詞)',

Process finished with exit code 0
```

图 9-7　lemma5000 列表前 5 个元素

【第五步:参照 BCCWJ 短单位词表前 5000 词汇素列表提取低频词并统计词汇复杂性】

在第四步当中,我们创建好了 BCCWJ 短单位词表前 5 000 词汇素列表,接下来就可参照该列表提取出 Tokens_list 列表中不属于该列表元素的所有低频词,并根据公式统计词汇复杂性。具体代码如下:

```
43    lfw = []
44    for w in Tokens_list:
45        if not (re.match('[0-9a-zA-Z]', w) or re.search('固有名詞', w) or w in lemma5000):
46            lfw.append(w)
47    print(lfw)
48    lfwtokens = len(lfw)
49    lfwset = set(lfw)
50    lfwtypes = len(lfwset)
51    lfwtokenratio = lfwtokens / Tokens
52    lfwtyperatio = lfwtypes / Types
53    print(lfwtokenratio, lfwtyperatio)
```

代码逐行解析:

第 43 行代码构建了一个空列表,并将其赋值给变量 lfw。

第 44~46 行代码是一个含有 for 循环语句的相对独立的代码块。其中,第 44 行代码依次读取 Tokens_list 列表中的各个元素(即词汇素),每读取一个元素后立即将其赋值给变量 w,并自动运行一次有缩进的第 45~46 行代码。第 45 行代码设置了一个 if 条件:not (re.match('[0-9a-zA-Z]', w) or re.search('固有名詞', w) or w in lemma5000),该条件从 re 库中调用 match()函数和 search()函数对当前 w 中的词汇素进行匹配处理,并判断该词汇素是否为 lemma5000 列表中的元素。整个条件的意思是,当前 w 中的词汇素既不是数字、字母或固有名词,也不是 lemma5000 列表中的元素。若满足该条件,则自动运行有缩进的第 46 行代码,即对事先构建好的 lfw 列表调用 append()方法,将当前 w 中的词汇素作为最后一个元素添加到 lfw 当中。如此一来,当第 44 行代码中的 for 循环语句运行结束之后,Tokens_list 列表中的所有低频词就以元素的形式储存在 lfw 列表当中了。

第 47 行代码通过 print()函数把 lfw 列表打印出来查看。

第 48 行代码调用 len() 函数测量 lfw 列表的长度(即低频词形符数),并将其赋值给变量 lfwtokens。也就是说,lfwtokens 变量中储存了低频词形符数。

第 49 行代码调用 set() 函数把 lfw 列表强制转换为集合(以此达到将该列表中的词汇素进行去重的效果),并将获得的集合(即类符集合)赋值给变量 lfwset。

第 50 行代码调用 len() 函数测量 lfwset 集合的长度(即低频词类符数),并将其赋值给变量 lfwtypes。也就是说,lfwtypes 变量中储存了低频词类符数。

第 51~52 行代码根据公式分别统计了低频词形符占比和低频词类符占比,并将其赋值给变量 lfwtokenratio 和 lfwtyperatio。

第 53 行代码通过 print() 函数把变量 lfwtokenratio 和 lfwtyperatio 中的低频词形符占比和低频词类符占比打印出来查看(见图 9-8)。

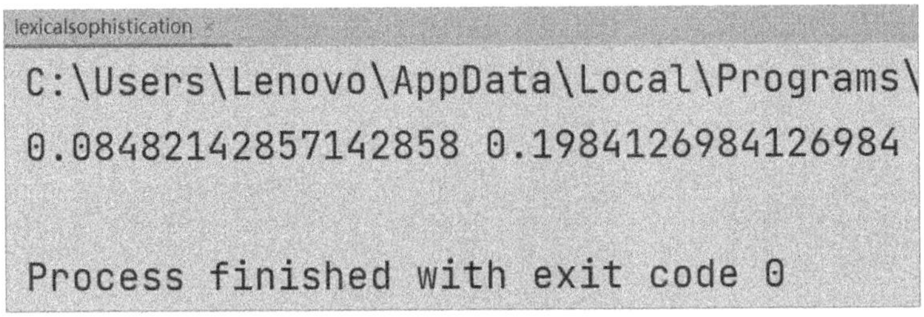

```
lexicalsophistication
C:\Users\Lenovo\AppData\Local\Programs\
0.08482142857142858 0.1984126984126984

Process finished with exit code 0
```

图 9-8　低频词形符占比和低频词类符占比

9.5.3　完整代码

入门版:

```
#【第一步:读取单个文本中的日语语料】
1    with open(r"C:\Users\Lenovo\Desktop\语料库数据\1.txt", encoding
="utf-8") as txtfile:
2        textdata = txtfile.read()
3        print(textdata)
#【第二步:对日语语料进行分词处理并整理成嵌套列表】
4    import MeCab
5    import re
6    tokenizer = MeCab.Tagger(r"-d D:\我的科研\我的语料库和词汇表\
unidic-cwj-3.1.1")
7    words = tokenizer.parse(textdata)
```

```
8    print(words)
9    words = words.strip()
10   words = re.split('\n', words)
11   words = words[0:-1]
12   print(words)
13   tokenslist = []
14   for word in words:
15       item = re.split('[\t,]', word)
16       tokenslist.append(item)
17   print(tokenslist)
#【第三步:基于嵌套列表创建词汇素列表并计算形符总数和类符总数】
18   Tokens_list = []
19   for l in tokenslist:
20       if len(l) >= 9 and re.match('\w', l[8]):
21           lemma = re.sub('-.*', '', l[8])
22           lemma = lemma + "(" + l[7] + l[1] + l[2] + l[3] + l[4] + ")"
23           Tokens_list.append(lemma)
24       elif len(l) < 9 and re.match('\w', l[0]):
25           lemma = l[0] + "(" + l[1] + l[2] + l[3] + l[4] + ")"
26           Tokens_list.append(lemma)
27   print(Tokens_list)
28   Tokens = len(Tokens_list)
29   Types_set = set(Tokens_list)
30   Types = len(Types_set)
#【第四步:创建BCCWJ短单位词表前5000词汇素列表】
31   lemma5000 = []
32   with open(r'C:\Users\Lenovo\Desktop\BCCWJ_frequencylist_suw_ver1_1.tsv', encoding = 'utf-8') as txtfile:
33       next(txtfile)
34       for line in txtfile:
35           line = line.strip('\n')
36           line = re.split('\t', line)
37           if re.match('[^■]', line[2]):
38               pos = re.sub('-', '', line[3])
39               lemma = line[2] + "(" + line[1] + pos + ")"
40               lemma5000.append(lemma)
41   lemma5000 = lemma5000[0:5000]
42   print(lemma5000)
```

#【第五步：参照BCCWJ短单位词表前5000词汇素列表提取低频词并统计词汇复杂性】
```
43   lfw = []
44   for w in Tokens_list:
45       if not (re.match('[0-9a-zA-Z]', w) or re.search('固有名詞', w) or w in lemma5000):
46           lfw.append(w)
47   print(lfw)
48   lfwtokens = len(lfw)
49   lfwset = set(lfw)
50   lfwtypes = len(lfwset)
51   lfwtokenratio = lfwtokens / Tokens
52   lfwtyperatio = lfwtypes / Types
53   print(lfwtokenratio, lfwtyperatio)
```

进阶版：

```
1   import MeCab
2   import re
3   with open(r"C:\Users\Lenovo\Desktop\语料库数据\1.txt", encoding="utf-8") as txtfile:
4       textdata = txtfile.read()
5   tokenizer = MeCab.Tagger(r"-d D:\我的科研\我的语料库和词汇表\unidic-cwj-3.1.1")
6   words = re.split('\n', tokenizer.parse(textdata).strip())[0:-1]
7   tokenslist = [re.split('[\t,]', word) for word in words]
8   Tokens_list = []
9   for l in tokenslist:
10      if len(l) >= 9 and re.match('\w', l[8]):
11          Tokens_list.append(re.sub('-.*', '', l[8]) + "(" + l[7] + l[1] + l[2] + l[3] + l[4] + ")")
12      elif len(l) < 9 and re.match('\w', l[0]):
13          Tokens_list.append(l[0] + "(" + l[1] + l[2] + l[3] + l[4] + ")")
14  Tokens = len(Tokens_list)
15  Types = len(set(Tokens_list))
16  lemma5000 = []
17  with open(r'C:\Users\Lenovo\Desktop\BCCWJ_frequencylist_suw_ver1_1.tsv', encoding='utf-8') as txtfile:
18      next(txtfile)
```

```
19    for line in txtfile:
20        line = re.split('\t', line.strip('\n'))
21        if re.match('[^■]', line[2]):
22            lemma5000.append(line[2] + "(" + line[1] + re.sub('-', '', line[3]) + ")")
23  lemma5000 = lemma5000[0:5000]
24  lfw = [w for w in Tokens_list if not (re.match('[0-9a-zA-Z]', w) or re.search('固有名詞', w) or w in lemma5000)]
25  lfwtokenratio = len(lfw) / Tokens
26  lfwtyperatio = len(set(lfw)) / Types
27  print(lfwtokenratio, lfwtyperatio)
```

9.6 句式频次统计编程实现

9.6.1 所用语料与编程步骤

所用语料为一个位于电脑桌面的名为"句式统计用语料库数据"的微型语料库,其绝对路径为"C:\Users\Lenovo\Desktop\句式统计用语料库数据"。该语料库中包含 30 个写有日语文章的纯文本文件。然后,编程时的主要步骤如下:

第一步:读取语料库中的日语语料;
第二步:对日语语料进行分词处理并检索和统计目标句式。

9.6.2 分步代码

【第一步:读取语料库中的日语语料】
该步与"4.3 基于 UniDic 词典的词表制作编程实现"的第一步几乎完全相同,不再赘述。

【第二步:对日语语料进行分词处理并检索和统计目标句式】
在第一步当中,我们通过 7 行代码完成了语料库中的日语语料读取任务,并将读取结果作为一个复杂字符串储存在变量 textdata 当中。接下来需对 textdata 中的日语语料进行分词处理,并在分词后的文本当中检索含有目标句式"てくれる"的句子,同时统计其使用频次。具体代码如下:

```
8    import MeCab
9    import re
10   tokenizer = MeCab.Tagger("-Owakati")
11   retrievaltext = tokenizer.parse(textdata)
12   print(retrievaltext)
13   pattern = '[^。?!]* \sて\sくれ[る\s][^。?!]*[。?!]'
14   results = re.findall(pattern, retrievaltext)
15   print(results)
16   spfrequency = len(results)
17   print(spfrequency)
```

代码逐行解析：

第 8 行代码使用"import 库"的代码形式把第三方库 MeCab 导入当前 PyCharm 项目中，以供后续代码使用。

第 9 行代码使用"import 库"的代码形式把标准库 re 导入当前 PyCharm 项目中备用。

第 10 行代码从 MeCab 库中调用 Tagger( ) 函数设置一个分词器，并将其赋值给变量 tokenizer，即此时的 tokenizer 相当于分词器本身。Tagger( ) 函数中输入了一个参数"-Owakati"，该参数指定了分词时所用的模式，即"单词等字符之间全部使用半角空格隔开的分词模式"。

第 11 行代码通过调用 tokenizer 对象的 parse( ) 方法对 textdata 中的字符串进行分词处理，并把分词结果（即一个构成检索文本的复杂字符串）赋值给变量 retrievaltext。

第 12 行代码通过 print( ) 函数把 retrievaltext 中储存的检索文本打印出来查看（见图 9-9）。由图 9-9 可知，所有词汇和符号都被半角空格隔开了。

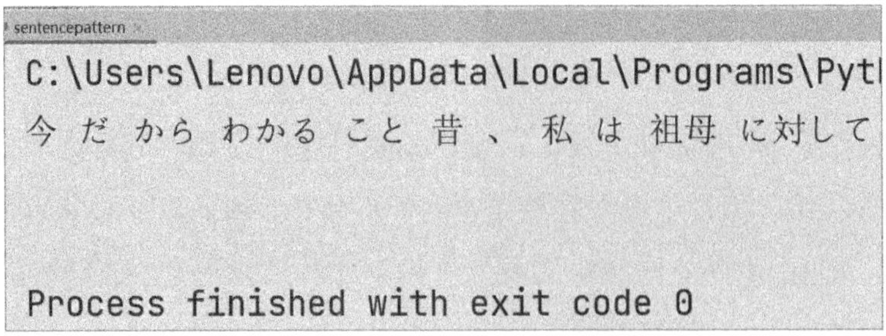

图 9-9　变量 retrievaltext 中的检索文本

第 13 行代码构建了一个正则表达式,并将其赋值给变量 pattern。该正则表达式可匹配含有目标句式"てくれる"的完整句子(参考图 9-9 和表 4-2)。

第 14 行代码调用 re 库的 findall( )函数,基于 pattern(作为第 1 个参数)中的正则表达式查找检索文本 retrievaltext(作为第 2 个参数)中的所有匹配对象,并以匹配对象为元素组成列表赋值给变量 results。

第 15 行代码通过 print( )函数把 results 列表中储存的匹配结果打印出来查看。

第 16 行代码调用 len( )函数测量 results 列表的长度,即含有目标句式"てくれる"的句子的频次,并将其赋值给变量 spfrequency。

第 17 行代码通过 print( )函数把 spfrequency 中的"てくれる"句式频次信息打印出来查看(见图 9-10)。

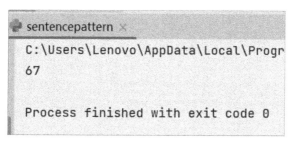

图 9-10 "てくれる"句式的频次信息

9.6.3 完整代码

入门版:

```
#【第一步:读取语料库中的日语语料】
1    from nltk.corpus import PlaintextCorpusReader
2    corpus_root = r'C:\Users\Lenovo\Desktop\句式统计用语料库数据'
3    corpus = PlaintextCorpusReader(corpus_root, '.* ')
4    filenameslist = corpus.fileids()
5    textdata = corpus.words(filenameslist)
6    textdata = ''.join(textdata)
7    print(textdata)
#【第二步:对日语语料进行分词处理并检索和统计目标句式】
8    import MeCab
9    import re
```

```
10    tokenizer = MeCab.Tagger("-Owakati")
11    retrievaltext = tokenizer.parse(textdata)
12    print(retrievaltext)
13    pattern = '[^。?!]* \sて\sくれ[る\s][^。?!]* [。?!]'
14    results = re.findall(pattern, retrievaltext)
15    print(results)
16    spfrequency = len(results)
17    print(spfrequency)
```

进阶版：

```
1    from nltk.corpus import PlaintextCorpusReader
2    import MeCab
3    import re
4    corpus = PlaintextCorpusReader(r'C:\Users\Lenovo\Desktop\句式统
计用语料库数据', '.*')
5    textdata = ''.join(corpus.words(corpus.fileids()))
6    tokenizer = MeCab.Tagger("-Owakati")
7    retrievaltext = tokenizer.parse(textdata)
8    results = re.findall('[^。?!]* \sて\sくれ[る\s][^。?!]* [。?!]',
retrievaltext)
9    spfrequency = len(results)
10   print(spfrequency)
```

参考文献

鲍贵, 2008. 二语学习者作文词汇丰富性发展多维度研究[J]. 外语电化教学(5): 38–44.

管新潮, 2018. 语料库与 Python 应用[M]. 上海: 上海交通大学出版社.

胡开宝, 朱一凡, 李晓倩, 2018. 语料库翻译学[M]. 上海: 上海交通大学出版社.

黄洪志, 2007. 词长因素及其对英语词汇学习影响的实证研究[J]. 外国语言文学, 24(1): 28–33.

梁茂成, 2016. 什么是语料库语言学[M]. 上海: 上海外语教育出版社.

梁茂成, 李文中, 许家金, 2010. 语料库应用教程[M]. 北京: 外语教学与研究出版社.

毛文伟,2012. 日语学习者产出文本特征的量化分析[J]. 解放军外国语学院学报,35(1):31-35.

毛文伟,2022. 数据挖掘技术在学习者作文特征分析中的应用研究[J]. 日语学习与研究(2):72-81.

王华伟,曹亚辉,2021. 基于翻译语料库的政治文献日译本语言特征研究:以《政府工作报告》(2002—2017)日译本为例[J]. 日语学习与研究(6):11-20.

王慧,2020. 旅游文本日译表达特征研究:基于类比语料库的分析[J]. 外语电化教学(5):31-36.

吴继峰,2016. 英语母语者汉语写作中的词汇丰富性发展研究[J]. 世界汉语教学,30(1):129-142.

杨晓敏,钟勇,赵寅秋,2022. 中国学习者日语词汇丰富性发展实证研究[M]//蔡金亭. 第二语言学习研究:第十三辑. 北京:外语教学与研究出版社:59-72.

张建华,2015. 日语专业学生产出性词汇广度知识发展的研究[J]. 当代外语研究(3):31-35.

郑咏滟,2015. 基于动态系统理论的自由产出词汇历时发展研究[J]. 外语教学与研究,47(2):276-288.

Jarvis S, 2002. Short texts, best-fitting curves and new measures of lexical diversity[J]. Language Testing, 19(1):57-84.

Jarvis S, 2013. Capturing the diversity in lexical diversity[J]. Language Learning, 63(s1):87-106.

樺島忠夫,寿岳章子,1965. 文体の科学[M]. 東京:綜芸舎.

第十章

日语语言研究实例

前面章节详细展示了日语词表制作技术、日语 N 元分析技术、日语主题词分析技术、日语索引行生成技术、日语显著搭配提取技术、日语语言特征统计技术等各种语料库语言学技术的 Python 编程实现,灵活运用这些技术可以开展丰富多彩的日语数字人文研究。本章较为全面地介绍一些基于语料库语言学技术的典型日语语言研究实例,以此助力大家系统了解和掌握各项技术在日语语言研究中的应用方法。具体实例如下:

(1) 本田ゆかり的日语词表开发研究

本田ゆかり基于日语词表制作技术等开发了一个仅含内容词的《基本阅读词汇 1 万词》词表(本田ゆかり,2019)。其具体开发步骤如下:

① 从《现代日语书面语平衡语料库》(规模约 1 亿词)所收录的 11 类文本中分别随机抽取约 100 万词进行词频统计,观察各类文本之间的词汇重合情况,并进行聚类分析;

② 基于词汇重合情况及聚类分析结果删减部分类别文本中的语料数量,对《现代日语书面语平衡语料库》的平衡性进行调整;

③ 对调整后的《现代日语书面语平衡语料库》进行词频统计,获得相关词表。然后在此基础上分别计算单词的均匀分布度(dispersion)和有用度(utility)[①],并基于有用度对词表中的内容词进行排序(删除了所有功能词),进而获得一个新词表;

④ 依据单词的词频统计结果、均匀分布度、聚类分析结果、实用性等把频次前

[①] 具体计算方法参考本田ゆかり(2019)。

1 万的词划分为 5 个等级,各等级均含 2000 个词;

⑤ 基于单词亲密度及日语教育视角对第 3 步中获得的新词表的各等级词汇进行调整,并建成《基本阅读词汇 1 万词》词表;

⑥ 对比分析《基本阅读词汇 1 万词》词表和《旧日语能力考试出题基准》中的词表在旧日语能力考试阅读文本及面向日语母语者的普通阅读文本中的覆盖率,以此完成《读解基本词汇 1 万词》词表的质量评价。

(2) 本多由美子等的日语句末表达特征研究

本多由美子等基于日语 N 元分析技术所获得的 1-4 元序列数据,并对照《现代日语书面语平衡语料库》中的文学作品考察了两本日语医学书籍(共计 282 万词)中所用句末表达的主要特征(本多由美子等,2020)。结果表明,与文学作品相比,医学书籍句末表达具有以下特点:① 使用较多固定表达;② 使用动词的倾向性较强;③ 被动态的使用特色明显。此外,在医学书籍句末使用频率最高的 3 个动词"ある""する""いる"当中,"形容动词+'である'"、"汉语名词+'する'"、"被动态+'ている'"的表达形式明显多于文学作品。医学书籍句末表达呈现出这些特征的主要原因在于,该类书籍是一种解说疾病和症状并叙述相应处理方法的文本。

(3) 钟勇的日语词汇多义性研究

钟勇首先通过《现代日语书面语平衡语料库》在线检索工具"中纳言"的日语索引行生成功能穷尽性地收集了与"やわらかい"和"かたい""緩い"和"きつい"(两对构成反义词对的触压觉形容词)相关的所有索引行例句(有效例句数分别为 3419、4796、573 和 2311)(钟勇,2022)。然后,依据事先设定的多义词分析标准及例句分析结果认定了"やわらかい""かたい""緩い"和"きつい"的各个义项,并设置了原型义。最后,详细分析了"やわらかい"和"かたい"以及"緩い"和"きつい"认知语义结构中的异同点及其成因。研究结果发现:① 4 个触压觉形容词的义项均可构成一张辐射状认知语义网络,义项间的认知理据主要为隐喻和转喻;② 4 个触压觉形容词的认知语义结构具有以下共同点:a. 语义扩展的整体方向都是"从表达主观感觉性质的语义扩展到表达客观存在性质的语义";b. 都有较多扩展义,语义扩展程度较高;c. 一次扩展义都明显多于二次扩展义;d. 基于隐喻的语义扩展都明显多于转喻。

这些共同点的成因主要与日本人的世界认知方式及触压觉这种基本身体经验的基本性和概念特征密切相关；③ 两对触压觉形容词反义词对的认知语义结构中均出现了不对称性现象，其主要成因在于"かたい"和"きつい"相对于"やわらかい"和"缓い"来说是无标记项。

（4）王华伟、曹亚辉的日语近义词搭配研究

王华伟、曹亚辉基于《现代日语书面语平衡语料库 2009 年度版试用公开数据》（规模约 4 490 万词）和日语显著搭配提取技术分析了一组日语近义动词"かえりみる""ふりかえる""ふりむく"与名词的搭配情况（王华伟 等，2012）。结果显示，"かえりみる"的显著搭配是"迷惑""危険""家庭""歴史""自分"等，"ふりかえる"的较显著搭配为"後ろ（うしろ）""歴史""過去""方（ほう）"等，"ふりむく"的较显著搭配则是"後ろ（うしろ）""こちら（こっち）""方（ほう）"等。这说明，3 个近义动词在实际使用中进行了一定分工。具体说来，"かえりみる"并非主要用于"向后看"和"回顾"这两个义项，反而更多地用于"担心"和"反省"义项，"ふりかえる"只有"向后看"和"回顾"两个义项，"ふりむく"则只用于"向后看"这一义项。在此基础上，该研究进一步认为，基于语料库的词语搭配研究成果在讲授重点词语的搭配关系时值得借鉴，对区分使用近义词也有一定参考价值。

（5）毛文伟的学习者日语语言特征研究

毛文伟运用日语词类占比统计、MVR 值统计、平均句长统计等技术采集了日语学习者语料（来自《中国日语学习者语料库》中收录的 2 400 篇全国日语专业四、八级考试命题作文）和日语母语者语料（25 部剧本、100 部小说和 50 部论述性书籍）在词汇比例、MVR 值、平均句长等方面的数据，并在母语者语料内部、不同级别的学习者语料之间以及学习者语料与母语者语料之间进行了多维度分析和比较（毛文伟，2012）。研究结果表明：① 除动词所占比例及与此相关的 MVR 值之外，母语者小说在各项指标上都介于母语者口语和议论文之间；② 在修饰词、代词的使用比例以及 MVR 值等指标方面，学习者语料都远远大于母语者语料，显示出中介语的特异性。而在其他方面，学习者的产出特征则介于母语者口语和议论文之间。由此可知，中国日语学习者的书面语产出表现出相当强的口语化倾向。

(6) 王慧的翻译日语语言特征研究

王慧基于日语词类占比统计、主题词分析、显著搭配提取、平均句长统计、句式频次统计等技术,从词汇和句法结构两个方面对比分析了日语旅游文本类比语料库中的翻译文本(规模为 32 918 字)和原创文本(规模为 33 386 字)的语言特征(王慧,2020)。研究发现,与原创文本相比,翻译文本具有以下特征:① 描述角度倾向于立足整体,进行概括性、偏静态描写,主要依据是名词占比和 MVR 值;② 文本内容突出景点的等级、位置、面积、历史等信息,有关游客可体验活动的介绍较少,主要依据是正、负主题词以及句末时态;③ 文体侧重信息传达,译文的读者对话意识不强,主要表现为句末形态习用简体,"である"使用率很高。

(7) 杨晓敏等的日语词汇丰富性研究

杨晓敏等基于日语学习者纵向语料库和母语者语料库,选取词汇多样性、词汇复杂性、词汇密度和词频分布四个指标考察了中国学习者日语词汇丰富性的发展状况及不足之处(杨晓敏 等,2022)。结果表明:① 随着从初级向中级进阶,学习者的词汇多样性、词汇复杂性、词频分布变化显著;② 与母语者相比,中级学习者词汇复杂性低,词汇多样性高,词汇密度高,提示出学习者在低频词、和语词汇、助词、助动词等方面存在习得不足。此外,该研究认为词汇复杂性和词频分布能够较好地反映日语词汇丰富性的发展状况,而词汇多样性有待结合词汇类型进一步细化考察,词汇密度则有待结合词性分布进一步细化分析。

(8) 布施悠子、铃木靖代的日语句式习得过程研究

布施悠子、铃木靖代基于《北京日语学习者历时语料库(B-JAS)》中的日语对话(约 68 个小时)文字化数据,通过句式频次统计等技术从形态和用法两个方面详细考察了中国学习者在 4 年期间对句式"と思う"的习得过程(布施悠子等,2021)。研究发现,学习者对"と思う"各种形态的习得顺序为:① 单独使用(如"と思います。");② 在前接表达中使用助动词(如"たいと思います。");③ 使用后接表达(如"と思いますけど。");④ 在前接表达中使用终助词(如"かなと思います。");⑤ 综合使用前接表达和后接表达(如"たいと思いますけど。")。另一方面,学习者对"と思う"各种用法的习得顺序则为:① 表示说话人主观认知的"意见评价"用法;② 表示说话人

不确定认知的"推测"用法;③ 表示说话人的希望或想法的"希望决定"用法、为顾及听话人而采用委婉表述的"断定回避"用法以及陈述过往回忆的"回想"用法;④ 表示说话人在某种条件下的认知和判断的"条件性判断"用法;⑤ 表示说话人明确传达说话时尚无法断定的事情的"概率判断"用法;⑥ 表示说话人确认听话人意向并进一步期待听话人反馈的"询问对方"用法。

（9）朱鹏霄、袁建华的日语媒体报道内容研究

朱鹏霄、袁建华以《人民网（日文版）》和日本《朝日新闻》中的新冠肺炎疫情报道为素材自建语料库,以报道趋势变化、主题焦点、主题结构、报道用词为切入点,运用日语主题词分析、索引行生成等技术从传播学视角对中日两国日语媒体中的新冠肺炎疫情报道情况进行了实证研究(朱鹏霄 等,2021)。结果发现,受疫情防控政策及成效影响,两国日语媒体的报道趋势整体相反,主题焦点和结构同中有异,而在报道用词的灵活度上则差异显著。总体说来,中国日语媒体主要塑造了一个重视国际合作、疫情防控有力的大国形象,而日本媒体则侧重于传递日本新冠肺炎疫情依旧处于紧急状态、社会生活广受影响的现实信息。

参考文献

毛文伟,2012. 日语学习者产出文本特征的量化分析[J]. 解放军外国语学院学报,35(1):31-35.

王华伟,曹亚辉,2012. 日语教学中基于语料库的词语搭配研究:以一组动词近义词为例[J]. 解放军外国语学院学报,35(2):71-75.

王慧,2020. 旅游文本日译表达特征研究:基于类比语料库的分析[J]. 外语电化教学(5):31-36.

杨晓敏,钟勇,赵寅秋,2022. 中国学习者日语词汇丰富性发展实证研究[M]//蔡金亭. 第二语言学习研究:第十三辑. 北京:外语教学与研究出版社:59-72.

钟勇,2022. 原型理论视角下的日语多义词学习与教学[M]. 武汉:武汉大学出版社.

朱鹏霄,袁建华,2021. 基于语料库的中日两国日语媒体新冠肺炎疫情关联报

道比較研究[J].天津外国語大学学报,28(4):51－59.

布施悠子,鈴木靖代,2021.対話場面における中国人日本語学習者の「と思う」の習得過程の一考察:『北京日本語学習者縦断コーパス(B－JAS)』のデータから[J].国立国語研究所論集,20:95－113.

本田ゆかり,2019.コーパスに基づく「読解基本語彙1万語」の選定[J].日本語教育,172:118－133.

本多由美子,丸山岳彦,三枝令子,2020.医学書テキストに現れる文末表現の特徴:単語N-gramを用いた分析[J].言語資源活用ワークショップ発表論文集(5):73－84.